CODE DOMANIAL ET FONCIER
OHADA

Hygin Didace AMBOULOU

CODE DOMANIAL ET FONCIER OHADA

1re édition

L'Harmattan

5-7, rue de l'École-Polytechnique 75005 Paris

http://www.librairieharmattan.com

ISBN : 978-2-343-19373-1
EAN : 9782343193731

AVANT-PROPOS

Pourquoi ce *Code domanial et foncier* dans la collection des études que nous consacrons à l'Organisation pour l'harmonisation en Afrique du droit des affaires ? Quel lien direct y a-t-il entre le domaine foncier et la consistance des investissements économiques ? En effet, la vocation première du droit OHADA est la sécurisation des investissements et l'assainissement de l'environnement juridique des affaires. Or, la terre est la base sur laquelle s'appuie ou se fonde la plupart des investissements, notamment ceux des sociétés immobilières ou d'exploitation agricole, forestière, minière et pétrolière, quand les investissements de ces sociétés se réalisent en On Shore. Pour cette seule raison, il devient très ipmoprtant de consacrer à ce domaine foncier une étude à part entière afin de renseigner les investisseurs sur la situation du terrain. .

Dans l'espace OHADA, en effet, malgré la pesanteur de certaines pratiques du droit coutumier ou traditionnel, plusieurs lois étatiques ont consacré au droit de propriété sur la terre trois attributs essentiels :

- Le *droit d'user* de la terre : le propriétaire peut faire sur sa terre des actes d'usage, c'est à dire s'en servir, en tirer l'utilité qu'elle peut procurer, par exemple y habiter avec sa famille, cultiver ses champs…
- Le *droit de percevoir les fruits et les produits* de cette terre : le propriétaire a le droit de jouir de sa terre en percevant les fruits et les produits : la propriété de la terre donne droit à tout ce que produit la terre. Les fruits sont tout ce que la terre donne périodiquement et sans altération sensible de la substance. On distingue les fruits naturels (créés par la terre elle-même par l'effet de la nature seule, sans qu'il y ait travail de l'homme : les fougères, les broussailles….). Les fruits industriels (résultant du travail de l'homme sur la terre : récoltes d'un champ, coupes de bois aménagées, la pêche et la chasse) et les fruits civiles (ce sont les sommes d'argent que la terre produit périodiquement (loyers, intérêts…). Les produits, par opposition aux fruits, sont tout ce qui provient de la terre mais sans périodicité (par exemple, un lot provenant du tirage au sort d'une obligation du crédit foncier) ou en épuisant la substance du bien. Les pierres extraites d'une carrière sont un produit : la carrière perd de sa valeur à mesure qu'elle s'épuise.
- Le *droit de disposer* de la terre : le propriétaire peut disposer de sa terre soit matériellement, soit juridiquement. Il en a la disposition physique et peut faire tous les actes matériels qu'il juge bon d'effectuer, en l'aménageant. Il peut en disposer juridiquement soit en transférant à un tiers une partie de ses prérogatives (location,

création d'un usufruit, d'une servitude) soit en transmettant à une autre personne la totalité de son droit sur sa terre (vente, donation).

Ce Code a donc une importance capitale. Car le droit de propriété sur la terre étant un droit absolu, exclusif, souverain et perpétuel, il emporte pour le propriétaire à la fois la propriété du dessus et celle du dessous. D'abord, la délimitation de la terre en surface fait l'objet d'une opération matérielle : *le bornage*. Elle consiste à fixer les limites des deux propriétés contigües et à placer dans le sol des bornes de pierres qui établissent les droits de chacun des propriétaires. Ensuite, la propriété du dessus permet au propriétaire de faire par exemple des plantations et constructions qu'il juge à propos.

Ayant la propriété du dessous, le propriétaire peut effectuer toutes constructions et fouilles qu'il jugerait à propos et tirer de ces fouilles tous les produits qu'elles peuvent fournir. De même, il peut s'opposer à tout empiètement de ses voisins dans le sous-sol de son terrain (construction d'un tunnel, par exemple). Toutefois, la propriété du dessous est limitée. Notamment, elle ne s'étend pas aux gisements miniers (fer, zinc, cuivre, manganèse, or, uranium, bauxite, hydrocarbures, phosphates…) qui ne peuvent être exploités que par l'Etat en vertu d'un permis d'exploitation ou d'une concession administrative.

D'une part ce Code clarifie la façon dont chaque pays organise l'accès à la propriété foncière. D'autre part, il aide à comprendre le sort des investissements et des activités économiques, selon qu'on est dans un système où la terre est régie par le droit coutumier ou par le droit étatique. En effet, dans un Etat, ce qui définit principalement la situation des occupants d'un domaine foncier c'est leurs obligations légales.

Enfin, aujourd'hui, le mécanisme de ces obligations est de plus en plus important pour l'Etat dans la pratique des investissements fonciers. Car, dans la plupart des cas, celui-ci préfère contracter avec les particuliers plutôt que d'intervenir par voie règlementaire. Et la bonne connaissance du cadre juridique de tels contrats est nécessaire à toute personne qui en a la vocation.

Pour des raisons de comodité et afin d'éviter de produire un Code trop volumineux, la plupart des lois choisies ne sont pas présentées dans leur intégralité. Seules les dispositions fondamentales, généralement celles qui sont spécifiques à chaque pays, ont été retenues, laissant aux éditions successives la possibilité de les compléter, sinon de jouer à leur alternance.

Brazzaville, le 30 décembre 2019

PREMIERE PARTIE. LA LEGISLATION FONCIERE DU BENIN

Loi n°2013-01 du 14 janvier 2013 portant Code foncier et domanial en République du Bénin, modifiée par la loi n°2017-15 du 26 mai 2017

Titre 1 - Des dispositions générales

Chapitre 1 - De l'objet, du champ d'application et du régime foncier

Art.1.- Le présent Code a pour objet de déterminer les règles et les principes fondamentaux applicables en matières foncière et domaniale et de régir l'organisation et le fonctionnement du régime foncier et domanial en République du Bénin.

Art.2.- Les dispositions du présent Code sont applicables au régime des différents droits réels.

Art.3.- Les dispositions du présent Code s'appliquent aux domaines public et privé de l'Etat et des collectivités territoriales, aux biens immobiliers des personnes privées, à l'organisation et au fonctionnement du régime foncier et domanial en République du Bénin.

Art.4.- *(Loi n°2017-15)* Le régime foncier en vigueur en République du Bénin est celui de la confirmation de droits fonciers déterminé par les dispositions du titre III du présent Code. Il régit l'ensemble des terres rurales, périurbaines et urbaines et repose sur une procédure contradictoire de confirmation des droits fonciers qui débouche sur la délivrance d'un titre foncier. Cette procédure de confirmation de droits fonciers est axée :

- en milieu urbain et périurbain, sur la confirmation de droits à partir de documents de présomption de propriété foncière ou d'une décision de justice définitive ;
- en milieu rural, sur la confirmation de droits à partir de documents de présomption de propriété foncière, du registre des ayants droit du plan foncier rural ou d'une décision de justice définitive. Au sens du présent Code, les documents de présomption de propriété sont : attestation de détention coutumière ; attestation de recasement ; avis d'imposition des trois dernières années ; certificat d'inscription ; certificat administratif ; certificat foncier rural.

Chapitre 2 - Des principes généraux

Art.5.- En République du Bénin, l'Etat détient le territoire national en vue : de la préservation de son intégrité ;

- de la garantie du droit de propriété de l'Etat et des collectivités territoriales, des personnes physiques et des personnes morales de droit privé acquis suivant les lois et règlements ;
- de la garantie du droit de propriété des personnes physiques, des collectivités morales de droit privé acquis suivant les règles coutumières ;
- de l'assurance de son utilisation et de sa mise en valeur durables.

Dans le cadre de la mise en œuvre des politiques de développement et pour cause d'utilité publique, l'Etat et les collectivités territoriales, moyennant juste et préalable dédommagement, ont le droit d'exproprier tout titulaire de droit foncier.

Art.6.- L'Etat et les collectivités territoriales en tant que garants de l'intérêt général doivent :

- assurer un accès équitable aux terres pour l'ensemble des acteurs, personnes physiques et personnes morales de droit public et de droit privé ;
- sécuriser les droits réels immobiliers établis ou acquis selon la coutume ;
- organiser la reconnaissance juridique effective des droits fonciers locaux ou coutumiers légitimes des populations ;
- lutter contre la spéculation foncière en milieux urbain, périurbain et rural et favoriser la mise en valeur effective des terres pour le bien-être des populations ;
- veiller à l'exploitation durable des terres dans le respect des intérêts des générations présentes et futures ;
- lutter contre le morcellement anarchique et abusif des terres rurales ;
- veiller de manière générale à la protection des intérêts nationaux et à la préservation du patrimoine foncier national ;
- veiller au respect de l'approche genre dans l'accès au foncier.

Chapitre 3 - Des définitions

Art.7.- *(Loi n°2017-15)* Au sens du présent Code, les termes suivants sont définis comme ci-après :

- affermage : Location d'un bien rural immobilier moyennant payement d'un loyer ou fermage ;
- agence : Agence Nationale du Domaine et du Foncier (ANDF) ;
- aliénation : Transmission du droit de propriété ou constitution d'un droit réel ;
- amodiation : Bail d'un fonds de terre dont le paiement se fait à portion de fruits ;

- bail à construction : Contrat de bail de longue durée par lequel le preneur s'engage à édifier des constructions sur le terrain dont il a la jouissance. Il bénéficie du droit de superficie ;
- bien-fonds : Immeuble, terre ou construction ;
- bordereau analytique : Document qui énumère les actes, les opérations et charges qui portent sur l'immeuble immatriculé ;
- bornage : Délimitation de deux fonds de terres contiguës. Opération qui consiste à délimiter deux terrains contigüs et à implanter des bornes délimitant la propriété foncière ;
- borne : Ouvrage ou objet destiné à indiquer une limite de propriété, un repère ou servir avec d'autres à maintenir une chaîne pour préserver un emplacement de passage ;
- cadastre : Ensemble constitué de documents cartographique et littéral à l'échelle national ou local, comportant, le premier des informations graphiques, le second des renseignements attachés, relatifs aux parcelles de propriété individuelle.

  Aux termes du présent Code, le cadastre s'entend comme un ensemble technique des outils d'identification, d'enregistrement et de description des terres ou une représentation cartographique de l'ensemble du territoire national sur une base communale et selon sa division en parcelles de propriétés ;
- cahier des charges : Document administratif détaillant les obligations et éventuellement les droits du titulaire en matière de concession ;
- certificat foncier rural : Acte de constatation et de confirmation des droits fonciers établis ou acquis selon la coutume ou les pratiques et normes locales. Il constitue un extrait du plan foncier rural. Il lui est attaché une présomption de droits acquis faisant foi jusqu'à preuve du contraire, établie devant le juge ;
- certificat d'inscription : Document délivré par le régisseur de la propriété foncière attestant de l'inscription d'un droit réel immobilier ;
- certificat d'urbanisme : Document indiquant les conditions dans lesquelles un terrain est constructible ;
- classement : Procédure qui permet de changer le statut juridique de droit commun d'un fonds de terre pour le soumettre à un régime juridique plus précis et parfois plus restrictif ;
- communauté à la base : Ensemble des personnes ayant des liens sociaux et des intérêts communs, constituant une unité de peuplement ou une unité cohérente en matière de développement ;
- concession : Le terme « concession » a deux significations :

- portant sur le domaine public (de l'État ou des collectivités territoriales), la concession est le contrat de droit administratif qui confère à son bénéficiaire, moyennant redevance ou à titre gratuit, le droit d'occuper et d'utiliser à titre privé et pour une durée déterminée une partie (dépendance) du domaine public ; ce droit, précaire, est révocable à tout moment.

La concession peut aussi être le contrat par lequel l'autorité publique délègue la gestion d'un équipement public à une personne morale, pour une durée déterminée ;

- portant sur une parcelle du domaine privé (de l'État ou de la commune), la concession est l'acte administratif par lequel l'autorité administrative, propriétaire du domaine supportant une parcelle, attribue celle-ci à une personne privée, physique ou morale, à charge pour celle-ci de la mettre en valeur selon des modalités fixées par l'acte de concession ou dans un cahier des charges y annexé, durant une période déterminée moyennant le versement d'une redevance annuelle ;

- déclassement : Procédure qui a pour but ou comme effet de soustraire un fonds de terre appartenant au domaine classé pour le soumettre à nouveau au statut de droit commun ;

- domaine : Ensemble des biens immobiliers appartenant à l'Etat ou aux collectivités territoriales ;

- domaine classé : Domaine soumis à un régime restrictif de l'exercice des droits d'usage des individus ou des collectivités après accomplissement d'une procédure de classement ;

- domaine privé : Partie du patrimoine de l'Etat ou des collectivités territoriales dont le régime juridique obéit, en principe, aux règles de fond et de compétence de droit privé applicables à la propriété et à ses démembrements ;

- domaine protégé : Domaine objet de protection de la part des pouvoirs publics, qui peut ultérieurement être soumis à un régime de classement ;
- domaine public : Partie inaliénable du patrimoine de l'Etat ou des collectivités territoriales qui est soumise à un régime juridique et au contentieux de droit administratif ;
- domaine rural : Ensemble des terres rurales appartenant à l'Etat ou aux collectivités territoriales, mises en valeur ou non, quelle que soit la nature de cette mise en valeur ;
- droit coutumier : Droit établi ou acquis selon les pratiques et normes locales ;
- droit domanial : Droit lié à l'exploitation d'une partie du patrimoine de l'Etat ou des collectivités territoriales ;

- droit foncier : Ensemble des règles applicables à la propriété et à ses démembrements ainsi qu'aux ressources naturelles qui y sont liées dès lors que l'objet en est la terre ;
- droit foncier rural : Régime des terres rurales comprenant outre le régime général du foncier, l'ensemble des règles affectant spécifiquement la propriété ou l'exploitation des terres agricoles ;
- droit d'usage : Démembrement du droit de propriété conférant à son titulaire le droit d'utiliser une terre et d'en percevoir les fruits dans les limites de ses besoins et de ceux de sa famille ;
- droit d'usage délégué : Droit d'usage accordé temporairement à une personne par le détenteur d'une terre acquise dans les formes admises par la coutume et les pratiques et normes locales ;
- eaux domaniales : Eaux du domaine public naturel et celles relevant du domaine public artificiel ;
- enregistrement : Formalité fiscale consistant en l'analyse ou la mention d'un acte juridique sur un registre, donnant lieu ou non à la perception de droits par l'État ou les collectivités territoriales et conférant date certaine aux actes sous seing privé, qui en sont dépourvus. Action de transcrire, de mentionner un acte, un jugement dans les registres publics ;
- faire-valoir indirect : Manière d'exploiter un fonds de terre par le biais d'un contrat, sans en être propriétaire ;
- immatriculation : Procédure publique qui permet d'enregistrer, sous un numéro d'ordre (numéro d'immatriculation), un immeuble identifié par ses principales caractéristiques physiques, dans un registre ad hoc dit livre foncier ;
- immeuble : Fonds de terre et ce qui y est incorporé, ainsi que les biens mobiliers qui en permettent l'exploitation ;
- immeuble par destination : Meuble que la loi répute immeuble parce qu'il est destiné par volonté de son propriétaire, soit affecté au service et à l'exploitation d'un immeuble, soit attaché à ce dernier à perpétuelle demeure ;
- immeuble par nature : Fonds de terre fixé au sol qu'on ne peut déplacer ;
- impenses : Dépenses faites pour la conservation ou l'amélioration ou l'embellissement d'une chose. Dépenses faites sur un immeuble par une personne qui en a la jouissance sans en être propriétaire ;
- inscription : Formalité par laquelle est obtenue la publicité de certains actes portant sur des immeubles (ex : inscription hypothécaire). C'est également la mention faite aux registres du régisseur des hypothèques, de l'hypothèque dont une propriété est grevée ;

- OHADA : Organisation pour l'Harmonisation en Afrique du Droit des Affaires ;
- opération d'habitat : Toute opération de construction d'immeubles destinés à l'habitation, lesquels sont situés, soit sur un même terrain soit sur des parcelles contiguës ou séparées par de courtes distances et qui sont édifiés simultanément ou successivement par une personne physique ou morale aux fins de vente ou de location ;
- plan foncier rural : Document faisant l'inventaire des terres rurales avec enregistrement des droits y rattachés ainsi que de leurs titulaires, dans le but de répondre aux besoins individuels et collectifs de sécurité foncière, de planification et d'investissement ;
- prénotation : Demande tendant à obtenir l'inscription, la modification ou l'annulation d'une inscription par mention sommaire préventive, sur le titre foncier, avant d'être porté devant le tribunal compétent ;
- propriété : Droit d'user, de jouir et de disposer des choses de la manière la plus absolue, pourvu qu'on n'en fasse pas un usage prohibé par les lois et les règlements ;
- publication aux livres fonciers : Inscription des droits réels immobiliers au livre foncier et organisation à la consultation du public ;
- purge : Procédure permettant de libérer un bien immeuble des gages et garanties qui le grèvent ;
- régisseur : Régisseur de la propriété foncière ;
- registre de dépôts des actes : Registre tenu en double dans chaque conservation des hypothèques et sur lequel sont inscrits, au jour le jour, par ordre chronologique tous les actes relatifs à l'immeuble ;
- réserve naturelle intégrale : Aire préservée pour permettre le libre jeu des facteurs naturels sans aucune intervention extérieure, à l'exception des mesures de sauvegarde nécessaires à l'existence même de la réserve ;
- service des hypothèques : Service administratif dans lequel sont déposés et conservés tous les actes portant sur les droits réels immobiliers ainsi que certains actes générateurs de droits personnels dont un immeuble est directement l'objet ;
- sûreté réelle : Garantie accordée au créancier pour le recouvrement de sa créance et qui est assise sur un bien meuble corporel ou incorporel, ou immeuble ;
- taxe d'immatriculation foncière : Redevance d'aménagement et de viabilisation urbains. Taxe, redevance versée par les propriétaires ou présumés propriétaires d'immeubles destinée à financer l'aménagement et la viabilisation de l'habitat ;

- terres rurales : Ensemble des terres occupées par les activités agricoles, pastorales, sylvicoles, piscicoles ou destinées à accueillir l'une ou l'autre de ces activités. Les terres rurales sont situées en dehors des zones urbaines, des zones à urbaniser ou des zones d'urbanisation future telle que définie par les documents d'urbanisme ;
- terres urbaines : Terres situées dans les zones urbaines, les zones à urbaniser ou les zones d'urbanisation future telle que définie dans les documents de planification urbaine. Ces terres sont affectées ou destinées principalement à l'habitation, au commerce, à l'industrie, à l'implantation des services publics et d'une manière générale aux activités liées à la vie urbaine. Elles sont régies par les textes spécifiques sur le foncier urbain ;
- titre foncier : Document de preuve de la propriété foncière délivré après une procédure contradictoire de confirmation de droits fonciers ou au terme de réalisation de plan foncier rural ;
- zone sensible : Zone qui se distingue soit par une compétition accrue pour l'accès aux ressources naturelles telles que la terre, les ressources forestières, les ressources de pêches, avec pour conséquence la recrudescence des conflits ruraux, soit par l'extension des surfaces emblavées avec dégradation accélérée ou avancée du couvert végétal ;
- espaces frontaliers : Aire géographique couverte par les collectivités territoriales et les circonscriptions administratives ayant dans leurs juridictions territoriales une ouverture directe sur un pays voisin de la République du Bénin, c'est-à-dire riveraine d'une ligne de démarcation avec l'un au moins des pays voisins de la République du Bénin ;
- frontière : Ligne de démarcation entre la République du Bénin et les pays voisins, héritée de la colonisation ou découlant d'un traité avec les pays voisins ou de toute décision d'un organe arbitral ou judiciaire international ; localité frontalière : Unité administrative (arrondissements, quartiers de ville et villages) ayant sur son territoire, une ouverture directe sur un pays voisin de la République du Bénin ;
- zone frontalière : Portion de terre contiguë à la ligne frontière de la République du Bénin avec les Etats voisins, ayant en principe une largeur de deux mille deux cents mètres à partir de la ligne de démarcation et présentant des enjeux sécuritaires importants. Incluse dans les espaces frontaliers, elle se subdivise en bande de haute sécurité frontalière et en bande de sécurité frontalière ;
- bande de haute sécurité frontalière : Portion de terre contiguë à la ligne frontière de la République du Bénin avec les Etats voisins

ayant une largeur de deux cents mètres à partir de la ligne de démarcation et qui, exempte de toute occupation privée, met à nu les bornes frontières ;

– bande de sécurité frontalière : Portion de terre contiguë à la bande de haute sécurité frontalière ayant en principe une largeur de deux milles mètres à partir de la ligne marquant la fin de la largeur de la bande de haute sécurité frontalière ;
– sécurisation des espaces frontaliers : Ensemble des moyens et opérations de délimitation, de démarcation et de réaffirmation des frontières internationales, terrestres, maritimes et aériennes d'un pays. Elle comprend également les moyens humains, organisationnels et matériels mis en œuvre par les Forces de défense et de sécurité pour la défense de l'intégrité du territoire national et la protection des personnes et des biens dans les espaces frontaliers.

Titre 2 - De la propriété

Chapitre 1 - Des modes d'accès à la propriété

Art.8.- La propriété des biens s'acquiert et se transmet par :

- succession ;
- donation ;
- achat ;
- testament ;
- échange.

Art.9.- La propriété s'acquiert également par l'accession, l'incorporation, la prescription et par autres effets des obligations.

Section 1 - De la propriété par succession

Art.10.- La propriété peut se transmettre par voie de succession, conformément aux dispositions du Code des personnes et de la famille et d'autres textes en vigueur.

Section 2 - De la propriété par donation

Art.11.- La propriété peut se transmettre par donation conformément aux dispositions du Code civil, du Code des personnes et de la famille et d'autres textes en vigueur.

Section 3 - De la propriété par achat-vente

Art.12.- La propriété peut se transmettre par vente ou s'acquérir par achat.

La vente d'immeuble est une convention par laquelle le vendeur transfère ou s'engage à transférer un bien immeuble à l'acheteur moyennant paiement d'un prix convenu.

L'achat d'immeuble est une convention par laquelle l'acheteur acquiert ou s'engage à acquérir un bien immeuble au vendeur moyennant paiement d'un prix convenu.

Art.13.- La propriété peut se transmettre également par vente d'immeuble à construire. La vente d'immeuble à construire est un contrat par lequel le vendeur s'oblige à édifier un immeuble dans un certain délai. Elle se réalise suivant l'une des deux modalités ci-après : la vente clé en main, ou ; la vente à l'état futur d'achèvement ;

- la vente clé en main est une construction entièrement réalisée par un promoteur à ses frais et cédée ensuite à un acquéreur ;
- la vente à l'état futur d'achèvement est une vente dans laquelle le prix est payé au fur et à mesure de l'exécution des travaux.

Art.14.- Toute personne physique ou morale de nationalité béninoise peut acquérir un immeuble ou des terres en République du Bénin.

Les non nationaux peuvent acquérir un immeuble en milieu urbain en République du Bénin sous réserve d'accords de réciprocité ou de traités ou accords internationaux.

Les baux commerciaux, industriels ou d'habitation peuvent être conclus par les non nationaux installés en République du Bénin.

Les représentations diplomatiques et consulaires et les organismes internationaux installés ou intervenant en République du Bénin peuvent également y acquérir un immeuble sous réserve d'accords de réciprocité ou de traités ou accords internationaux.

Art.15.- Les règles générales relatives à la conclusion des contrats restent applicables en matière de vente.

Art.16.- Abrogé (Loi n°2017-15)

Art.17.- Toute vente d'un fonds de terre ou d'un immeuble doit être précédée de la confirmation de droits fonciers détenus sur ledit immeuble.

A défaut de la confirmation des droits, le vendeur devra, préalablement à la transaction, obtenir auprès de l'Agence nationale du domaine foncier, un Certificat d'appartenance dont le délai de validité mentionné au bas dudit document est d'un an non renouvelable.

Art.18.- Tous faits ou toutes conventions portant sur un immeuble dont les droits ont été confirmés, ayant pour effet de constituer, transmettre, déclarer, modifier ou éteindre un droit réel immobilier, doivent être constatés par acte notarié ou par acte sous seing privé déposé au rang des minutes d'un notaire, quel que soit le lieu de situation de l'immeuble, sous réserve des dispositions prévues à l'article 158 du présent Code

Section 4 - De la propriété transmise par testament ou acquise par échange

Art.19.- La propriété peut se transmettre par voie testamentaire conformément aux dispositions du Code des personnes et de la famille et d'autres textes en vigueur.

Art.20.- La propriété peut s'acquérir par échange conformément aux dispositions du présent Code et des autres textes en vigueur.

Art.21.- L'échange est un contrat par lequel une personne cède un bien contre la remise d'un autre bien.

Art.22.- *(Loi n°2017-15)* L'échange est soumis pour sa validité aux mêmes règles que la vente d'immeuble en ce qui concerne la capacité des parties, leur consentement, la cause et l'objet.

Cependant, lorsque les choses échangées sont d'inégales valeurs, la stipulation d'une soulte est nécessaire sauf renonciation expresse des parties.

Art.23.- Si l'un des copermutants a déjà reçu la chose à lui donnée en échange, et qu'il prouve ensuite que l'autre contractant n'est pas propriétaire de cette chose, il ne peut pas être forcé à livrer celle qu'il a promise en échange, mais seulement à rendre celle qu'il a reçue.

Art.24.- Le copermutant qui est évincé de la chose qu'il a reçue en échange, a le choix de demander à la juridiction compétente la restitution de la chose ou le remboursement de sa contre-valeur, sans préjudice des dommages et intérêts éventuels.

Art.25.- La rescision pour cause de lésion n'est pas applicable aux échanges.

Section 5 - De la propriété par accession et par incorporation

Art.26.- La propriété peut s'acquérir par accession ou par incorporation conformément aux dispositions du présent Code et des autres textes en vigueur.

Art.27.- L'accession est l'extension légale du droit de propriété sur une chose, à tout ce qu'elle produit et à tout ce qui s'unit ou s'incorpore à elle.

Art.28.- L'accession couvre non seulement le bien immobilier lui-même, mais aussi un certain nombre d'éléments conformément au principe selon lequel la propriété du principal entraîne celle de l'accessoire.

Art.29.- Les constructions réalisées sur un terrain appartenant à autrui, ne peuvent conférer aucun droit de propriété sur le sol, à l'auteur des travaux.

Chapitre 2 - De la prescription extinctive

Art.30.- Au sens du présent Code, la prescription extinctive consiste à éteindre par une possession paisible, notoire, non interrompue et sans équivoque de dix ans un droit présomptif de propriété préexistant.

Art.31.- La prescription est acquise lorsque le dernier jour du terme est accompli. Le délai visé à l'article précédent se compte de quantième par quantième.

Art.32.- La prescription ne court pas contre celui qui est dans l'impossibilité d'agir par suite d'un empêchement résultant de la loi, d'une convention ou d'un cas de force majeure. L'occupation d'un immeuble soutenue par des actes de violence ne peut fonder la prescription. L'exploitation ou l'occupation par suite d'autorisation ou de simple tolérance ne peuvent non plus fonder la prescription. Ceux qui possèdent pour autrui ne peuvent prescrire. En tout état de cause, le fermier, le gardien, le garagiste, le locataire, le dépositaire, l'usufruitier, et tous autres exploitants ou occupants qui détiennent précairement la chose du propriétaire, ne peuvent la prescrire. Les ascendants, les descendants et les collatéraux des exploitants ou des occupants à titre précaire ne peuvent pas non plus prescrire. Entre époux, la prescription ne court pas.

Art.33.- Le moyen tiré de la prescription est d'ordre public. Il peut être invoqué en tout état de cause et même d'office par le juge.

Art.34.- Lorsque la prescription est acquise, l'action en revendication du présumé propriétaire préexistant est irrecevable.

Art.35.- L'occupant dont le droit a été conforté par une décision d'irrecevabilité devenue définitive par suite d'une action initiée contre lui peut solliciter la confirmation de ses droits fonciers sur l'immeuble concerné.

Art.36.- La demande en justice ou toute autre contestation portée devant une autorité ou juridiction, même incompétente, interrompt le délai de prescription.

Art.37.- Pour décompter le délai de prescription, il est tenu compte de la période de sa propre possession et de celle de son auteur.

Art.38.- La prescription ne s'applique pas aux domaines public ou privé de l'Etat et des collectivités territoriales. Elle ne s'applique pas non plus aux immeubles munis de Certificat de propriété foncière ou aux immeubles irrégulièrement occupés.

Chapitre 3 - Des droits réels immobiliers

Section 1 - Des types et effets des droits réels immobiliers

Art.39.- Les différents droits immobiliers sont :

- la propriété
- l'usufruit
- le droit d'usage
- le droit d'habitation
- le droit de superficie
- les servitudes
- les hypothèques
- les privilèges
- les baux comportant droits réels immobiliers

Art.40.- Les dispositions du présent Code et du Code civil sont applicables au régime des différents droits réels immobiliers énumérés ci-dessus.

Art.41.- Les droits réels énumérés ci-dessus ne conservent et ne produisent d'effet à l'égard des tiers qu'autant qu'ils ont été rendus publics dans les formes, conditions et limites réglées par le présent Code, sans préjudice des droits et actions réciproques des parties pour l'exécution de leurs conventions.

Section 2 - Du droit de propriété

Art.42.- Le droit de propriété confère à son titulaire l'usage, la jouissance et la libre disposition des biens qui en sont l'objet, de la manière la plus absolue pourvu qu'il n'en fasse pas un usage prohibé par les lois et les règlements.

Art.43.- Nul ne peut être privé de sa propriété que pour cause d'utilité publique et contre juste et préalable dédommagement.

Section 3 - De l'usufruit

Art.44.- L'usufruit est un droit réel principal, démembrement du droit de propriété, qui confère à son titulaire le droit d'utiliser un bien immobilier, et d'en percevoir les fruits, mais non celui d'en disposer, lequel appartient au nu propriétaire. Il peut résulter aussi bien d'un contrat que de la loi.

Art.45.- Les droits et obligations de l'usufruitier sont régis par le titre constitutif de l'usufruit, par le présent Code et autres textes en vigueur.

Art.46.- L'usufruitier doit user d'un bien immobilier dans l'état où il l'a reçu et suivant sa destination ; il doit observer les règles de bonne administration. Il doit veiller à la conservation de la chose en bon père de famille. Il répond de la perte de la chose survenue même par suite d'une cause étrangère, s'il a tardé à la restituer à son propriétaire après extinction de l'usufruit.

Art.47.- L'usufruitier est tenu, durant sa jouissance, de toutes les charges ordinaires imposées au fonds objet de l'usufruit, ainsi que toutes les impenses que nécessitent les travaux d'entretien.

Art.48.- Le droit d'usufruit prend fin à l'expiration du terme fixé. A défaut de fixation d'un terme, il est censé constituer pour la vie de l'usufruitier. Il s'éteint, en tous cas par le décès de l'usufruitier même avant l'expiration du terme fixé.

Section 4 - Du droit d'usage

Art.49.- Le droit d'usage confère à son titulaire, l'usager, le droit de se servir d'un bien immeuble et d'en percevoir les fruits dans les limites de ses besoins et de ceux de sa famille. Il s'établit par convention.

Art.50.- Le droit d'usage d'un bien immeuble ne peut être cédé à des tiers à moins d'une clause expresse.

Section 5 - Du droit d'habitation

Art.51.- Le droit d'habitation est le droit à l'usage d'une maison reconnu à une personne déterminée, dans la mesure de ses besoins et de ceux de sa famille. Il s'établit par convention.

Art.52.- Le droit d'habitation ne peut être cédé à des tiers à moins d'une clause expresse.

Section 6 - Du droit de superficie

Art.53.- Le droit de superficie consiste dans le fait de posséder des constructions, ouvrages ou plantations sur un fonds appartenant à autrui ou d'être autorisé à en établir.

Le titulaire du droit de superficie peut grever de servitudes les biens qui font l'objet de son droit, mais seulement dans la limite qui lui est imposée pour l'exercice de ce droit.

Section 7 - Des servitudes

Art.54.- Les servitudes sont des charges imposées à un immeuble appelé fonds servant au profit d'un autre immeuble appartenant à un propriétaire distinct appelé fonds dominant.

Section 8 - Des hypothèques

Art.55.- L'hypothèque est une sûreté réelle immobilière conventionnelle ou forcée. Elle est constituée au profit d'un créancier en garantie de l'exécution d'une obligation. Elle confère à son titulaire un droit de suite et un droit de préférence.

Art.56.- Seuls les immeubles ayant fait l'objet de confirmation de droits et disposant de Certificat de propriété foncière peuvent faire l'objet d'une hypothèque.

Toutefois, l'inscription provisoire d'une hypothèque est admise au cours de la procédure de confirmation de droits fonciers à charge d'en opérer l'inscription définitive après l'établissement du Certificat de propriété foncière. Sont susceptibles d'hypothèque :

- les fonds bâtis ou non bâtis et leurs améliorations ou constructions survenues, à l'exclusion des meubles qui en constituent l'accessoire;
- les droits réels immobiliers régulièrement inscrits selon les règles du régime foncier.

Art.57.- L'hypothèque conventionnelle ne peut être consentie que par acte authentique ou par acte sous seing privé déposé au rang des minutes d'un notaire.

Art.58.- Dans le cas où l'immeuble hypothéqué devient insuffisant pour garantir sa créance, par suite de destruction ou de dégradation, le créancier peut poursuivre le paiement de sa créance avant le terme ou obtenir une autre hypothèque.

Section 9 - Des privilèges

Art.59.- Le privilège est un droit que la qualité de la créance donne à un créancier d'être préféré aux autres créanciers même hypothécaires.

Art.60.- Les privilèges généraux s'appliquent à tous les biens du débiteur, meubles et immeubles.

Section 10 - Des baux emportant droits réels immobiliers : bail emphytéotique, bail à construction, bail à plantation

Paragraphe 1 - Du bail emphytéotique

Art.61.- Le bail emphytéotique ou emphytéose qui confère au preneur un droit réel susceptible d'hypothèque a une durée comprise entre dix-huit et quatre-vingt-dix-neuf ans. Il est renouvelable. Ce droit peut être cédé et saisi dans les formes prescrites par la saisie immobilière. Les non nationaux peuvent accéder à la terre en République du Bénin par la location ou les baux emphytéotiques ne pouvant excéder une durée de cinquante ans et non renouvelables. Toutefois, l'acte de cession doit être signifié au bailleur à peine d'inopposabilité.

Art.62.- Le bail emphytéotique ne peut être consenti valablement que par les personnes qui ont le droit de disposer et d'aliéner, sous les mêmes conditions et dans les mêmes formes.

Art.63.- L'emphytéote est tenu de toutes les contributions et charges des biens immeubles, notamment les contributions foncières.

Art.64.- L'emphytéote doit acquitter la redevance dans les conditions prévues par le bail. Il ne peut en demander la réduction pour cause de perte partielle du bien immeuble, ni pour cause de stérilité ou de privation de toute nature à la suite de cas fortuit. Il ne peut se libérer de la redevance ni se soustraire à l'exécution du bail en délaissant le fonds.

Art.65.- Le bailleur peut faire prononcer en justice la résiliation de l'emphytéose en cas d'inexécution du contrat.

Art.66.- Le bail emphytéotique administratif conclu pour une longue durée confère un droit réel au preneur sur le bien immobilier appartenant à l'Etat, ses démembrements ou aux collectivités territoriales.

Art.67.- Le bail emphytéotique administratif n'est cessible, avec l'autorisation de la collectivité publique, qu'à une personne subrogée au preneur initial dans les droits et obligations découlant du bail. Il ne peut être hypothéqué, avec une autorisation de la collectivité concernée, que pour garantir des emprunts contractés en vue de financer la réalisation des ouvrages sur le bien loué. Le contrat constituant l'hypothèque doit, sous peine de nullité, être approuvé par la collectivité publique.

Paragraphe 2 - Du bail à construction

Art.68.- Le bail à construction est celui par lequel le preneur s'engage, à titre principal, à édifier des constructions sur le terrain du bailleur et à les conserver en bon état d'entretien pendant toute la durée du bail. L'obligation de construire mise à la charge du preneur constitue une obligation de résultat. Le bail est consenti pour une période ne pouvant excéder quarante ans. Il ne peut être prorogé par tacite reconduction.

Art.69.- Le bail à construction sous réserve de dispositions spéciales, confère au preneur un droit réel immobilier susceptible d'hypothèque de même que les constructions édifiées sur le terrain loué ; il peut être saisi dans les formes prescrites pour la saisie immobilière. Il est cessible et peut être apporté en société, en tout ou en partie.

Art.70.- Le preneur peut consentir des servitudes passives indispensables à l'achèvement des constructions.

Art.71.- Le bail à construction ne peut être consenti valablement que par les personnes qui ont le droit de disposer et d'aliéner, sous les mêmes conditions et dans les mêmes formes.

Art.72.- Le bailleur devient propriétaire, en fin de bail, des constructions édifiées par le preneur et profite des améliorations, s'il n'en est autrement convenu.

Art.73.- Le preneur est tenu de maintenir les constructions en bon état d'entretien et de réparation de toute nature. Il répond de l'incendie des bâtiments existants et de ceux qu'il a édifiés. Il peut les démolir en vue de les reconstruire.

Art.74.- Le prix du bail peut consister en la remise au bailleur, à des dates et conditions convenues, de tout ou partie d'immeubles et de fractions d'immeubles.

Art.75.- Les terrains du domaine privé de l'Etat et des autres personnes publiques peuvent être donnés à bail à construction.

Paragraphe 3 - Du bail à plantation

Art.76.- Le bail à plantation est celui par lequel le preneur s'engage, à titre principal à procéder à des plantations d'arbres sur le terrain du bailleur et à entretenir le terrain et les arbres pendant toute la durée du bail.

Art.77.- Les règles qui régissent le droit du bail à construction énoncées ci-dessus s'appliquent au bail à plantation dans la mesure où elles ne sont pas incompatibles avec la nature de ce bail[1].

---

[1] **QU'EST-CE QU'UN RÉGIME FONCIER**

Régime foncier

Le régime foncier est le rapport, défini par la loi ou la coutume, qui existe entre des individus ou des groupes relativement aux terres. (Par souci de simplicité, le terme «terre», tel qu'utilisé ici, inclut aussi les autres ressources naturelles comme l'eau et les arbres.) C'est une institution, c'est-à-dire un ensemble de règles élaborées par une société pour régir le comportement de ses membres. Ces règles définissent la répartition des droits de propriété sur les terres, les modalités d'attribution des droits d'utilisation, de contrôle et de transfert des terres ainsi que les responsabilités et limitations correspondantes. Plus simplement, le régime foncier détermine qui peut utiliser quelles ressources pendant combien de temps et dans quelles conditions.

Le régime foncier est un élément important des structures sociales, politiques et économiques. Il est multidimensionnel puisqu'il fait entrer en jeu des facteurs sociaux, techniques, économiques, institutionnels, juridiques et politiques qui sont souvent négligés mais doivent être pris en considération. Les rapports régis par le régime foncier sont parfois clairement définis, et leur respect peut être assurés par un tribunal officiel ou les structures coutumières d'une société, mais il arrive aussi qu'ils soient relativement mal définis et entachés d'ambiguïtés que certains peuvent chercher à exploiter.

Le régime foncier est donc constitué d'un ensemble d'intérêts qui se recoupent, notamment:

- Des intérêts prépondérants: lorsqu'une puissance souveraine (p. ex. une nation ou une collectivité) jouit du pouvoir d'attribuer des terres, de les exproprier, etc.).
- Des intérêts se chevauchant: lorsque plusieurs parties jouissent de droits différents sur la même parcelle de terre (une partie peut détenir des droits d'affermage, une autre un droit de passage, etc.).
- Des intérêts complémentaires: lorsque différentes parties partagent le même intérêt relativement à la même parcelle de terre (p. ex. lorsque des membres d'une même communauté possèdent en commun des droits sur les pâturages, etc.).
- Des intérêts concurrents: lorsque différentes parties revendiquent les mêmes intérêts relativement à la même parcelle (p. ex. lorsque deux parties revendiquent indépendamment le droit à l'utilisation exclusive d'une parcelle de terre agricole. Une telle situation peut être à l'origine de conflits fonciers.).

On peut souvent caractériser les régimes fonciers comme suit:

Régime privé: l'attribution de droits à une partie privée pouvant être un particulier, un couple marié, un groupe d'individus ou une entité constituée, comme une société commerciale ou une organisation à but non lucratif. Par exemple, au sein d'une collectivité, différentes familles peuvent jouir de droits exclusifs sur des parcelles résidentielles, des parcelles agricoles et certains arbres. D'autres membres de cette même collectivité peuvent être privés du droit d'utiliser ces ressources sans le consentement des détenteurs des droits.

- Régime communautaire: un droit communautaire peut exister au sein d'un groupe lorsque chaque membre de celui-ci a le droit d'utiliser de façon indépendante les biens détenus par la communauté, par exemple pour faire paître son bétail dans un pâturage collectif.
- Régime d'accès libre: aucun droit spécifique n'est attribué à personne, et personne ne peut être exclu. Un exemple typique est celui des étendues marines, l'accès à la haute mer étant généralement libre à tous; cela peut s'appliquer également aux pâturages, aux forêts, etc., quand les ressources sont à la libre disposition de tous. (Une différence importante entre la liberté d'accès et un régime communautaire est que, dans ce dernier cas, les personnes n'appartenant pas à la communauté concernée ne sont pas autorisées à utiliser les terres mises en commun.)
- Régime public: les droits de propriété sont attribués à une entité du secteur public. Par exemple, dans certains pays, les terres forestières peuvent être régies par l'État, qu'il s'agisse du gouvernement central ou d'un niveau décentralisé de celui-ci.

Dans la pratique, on peut trouver la plupart des formes de propriété au sein d'une société donnée, par exemple des droits communautaires de pâturage, la propriété privée de terrains résidentiels et agricoles et la propriété publique des forêts. Les droits coutumiers incluent souvent des droits collectifs concernant les pâturages et des droits privés exclusifs concernant les parcelles agricoles et résidentielles. Dans certains pays, de tels droits coutumiers sont officiellement reconnus et sont détenus par l'État ou le Président au nom de l'ensemble des citoyens.

Toute chose sur laquelle quelqu'un possède un droit peut être considérée comme sa propriété ou son bien. Cette notion a un champ d'application très vaste et inclut, par exemple, la propriété intellectuelle. Pour ce qui est du régime foncier, on parle parfois plus précisément des droits de propriété sur des terres. On établit souvent une distinction entre les «biens immobiliers/immeubles» et les «biens mobiliers/meubles». Au nombre des premiers figurent le sol et les biens accessoires (bâtiments, arbres, etc.) que l'on considère comme ne pouvant être déplacés; et au nombre des seconds, les biens considérés comme non fixés au sol (bétail, etc.).

Dans la pratique, diverses personnes ou divers groupes peuvent détenir des droits multiples, situation dans laquelle on parle parfois de «faisceau de droits». Des droits différents portant sur une même parcelle de terre, tels que le droit de la vendre, de l'utiliser en vertu d'un bail ou de la traverser, peuvent être représentés comme les branches regroupées dans ce faisceau. Chaque droit peut être détenu par une partie différente. L'ensemble du faisceau pourrait, par exemple, être partagé entre le propriétaire et un fermier dans le cas d'un contrat d'affermage ou de métayage établissant les conditions dans lesquelles le fermier ou le métayer peut utiliser la terre. Un tel contrat peut constituer un bail officiel portant sur une période pouvant atteindre 999 ans ou se limiter à une entente à l'amiable portant sur une campagne agricole. Si l'exploitation est hypothéquée, le créancier peut avoir le droit de vendre le bien hypothéqué en cas de défaut de remboursement du prêt, et un agriculteur voisin peut avoir le droit de traverser le terrain avec son bétail pour qu'il s'abreuve dans la rivière. Certains exemples de ces droits sont indiqués dans l'encadré 1.

Il peut être parfois utile de présenter une définition simplifiée des droits de propriété de la façon suivante:

- Droit d'utilisation: le droit d'utiliser le terrain pour la pâture, la production de cultures de subsistance, le ramassage de produits forestiers d'importance mineure, etc.
- Droit de disposition: le droit de décider comment un terrain doit être utilisé, notamment quant aux plantes pouvant y être cultivées, et de tirer un avantage financier de la vente de ces cultures, etc.
- Droit de transfert: le droit de vendre ou d'hypothéquer un terrain, de s'en défaire au profit de tiers dans le cadre d'une redistribution intra-communautaire, de le transmettre à des héritiers par voie de legs, et de modifier l'attribution des droits d'utilisation et de disposition.

Au sein d'une collectivité, les pauvres ne possèdent souvent que des droits d'utilisation. Une femme peut, par exemple, avoir le droit de cultiver une parcelle pour produire de quoi nourrir sa famille tandis que son mari peut collecter le bénéfice résultant de la vente d'une partie de sa production sur le marché local. De telles simplifications peuvent être utiles, mais il convient de noter que les modalités exactes d'attribution et de jouissance des droits fonciers peuvent être très complexes.

De façon générale, on établit souvent une distinction entre les droits fonciers «formels» et «informels», ce qui peut toutefois donner lieu à certains problèmes étant donné que, par exemple, certains droits dits informels peuvent être tout à fait formels dans la pratique et dûment reconnus dans leur propre contexte. Une telle classification peut néanmoins être parfois utile.

DEUXIEME PARTIE. LA LEGISLATION FONCIERE DU BURKINA-FASO

Loi n°014/96/ADP du 23 mai 1996 modifiée par la loi de finances pour 2008

Titre 1 - Champ d'application.

Art.1.- La présente loi détermine les principes fondamentaux de l'aménagement du territoire, de la gestion des terres rurales et urbaines, du régime de l'eau, des forêts de la faune, des pêches, des substances de carrière et de mines, ainsi que de la réglementation des droits réels immobiliers.

Titre 2 - Création et définition du domaine foncier national.

Art.2.- Il est créé un domaine foncier national du Burkina Faso

.**Art.3.-** Le domaine foncier national est constitué de toutes les terres et des biens immeubles ou assimilés cités à l'article 34 ci-dessous situés dans les limites du territoire national et de ceux acquis par l'Etat et les autres collectivités publiques à l'étranger.

Art.4.- Le domaine foncier national est de plein droit propriété de l'Etat.

Art.5.- Certaines terres du domaine foncier national peuvent être cédées à titre de propriété privée aux personnes physiques ou morales dans les conditions fixées par la présente loi. Les terres ainsi cédées cessent d'être propriété de l'Etat.

Art.6.- L'Etat peut procéder à des expropriations pour cause d'utilité publique, dans les conditions fixées par la présente loi.

Titre 2 - Création et définition du domaine foncier national.

Art.2.- Il est créé un domaine foncier national du Burkina Faso.

Art.3.- Le domaine foncier national est constitué de toutes les terres et des biens immeubles ou assimilés cités à l'article 34 ci-dessous situés dans les limites du territoire national et de ceux acquis par l'Etat et les autres collectivités publiques à l'étranger.

Art.4.- Le domaine foncier national est de plein droit propriété de l'Etat.

Art.5.- Certaines terres du domaine foncier national peuvent être cédées à titre de propriété privée aux personnes physiques ou morales dans les conditions fixées par la présente loi. Les terres ainsi cédées cessent d'être propriété de l'Etat.

Art.6.- L'Etat peut procéder à des expropriations pour cause d'utilité publique, dans les conditions fixées par la présente loi.

Titre 3 - Aménagement du territoire.

Art.7.- L'aménagement du territoire est une politique de planification spatiale qui vise à assurer un développement harmonieux de l'espace national par une meilleure répartition des populations et des activités en tenant compte :

-des contraintes et des potentialités du milieu naturel ;

-des capacités humaines et techniques ;

-des nécessités économiques nationales ;

- des interactions et des spécificités socio- économiques régionales

;-de la protection de l'environnement. On distingue des aménagements urbains et des aménagements ruraux.

Art.8.- L'aménagement du territoire distingue des catégories de zones :

-les zones urbaines destinées essentiellement à l'habitation et aux activités connexes ;

-Les zones rurales dans lesquelles s'exercent les activités agricoles, forestières, pastorales, piscicoles et minières.

Chapitre 1 - Instruments d'aménagement.

Art.9.- L'aménagement du territoire défini à l'article 7 ci-dessus se fait sur la base de quatre types de schéma dont l'application est déclarée d'utilité publique. Ce sont :

- le schéma national d'aménagement du territoire ;
- le schéma régional d'aménagement du territoire ;
- le schéma provincial d'aménagement du territoire ;
- le schéma directeur d'aménagement. Tout aménagement d'une partie du territoire doit faire l'objet d'un schéma conforme au schéma national d'aménagement du territoire. Tout changement de destination de terrain doit être approuvé par un décret pris en conseil des Ministres sur proposition du Ministre chargé de l'aménagement du territoire en concertation avec le Ministre en charge du secteur.

Section 1 - Schéma national d'aménagement du territoire.

Art.10.- Le schéma national d'aménagement du territoire est un instrument de planification à long terme. Il détermine :

- la destination générale des terres situées dans les limites du territoire national ;
- la nature et la localisation des grands équipements d'infrastructures sur l'ensemble du territoire national.

Art.11.- Le projet de schéma national d'aménagement du territoire est élaboré par le ministère chargé de l'aménagement du territoire en collaboration avec les différents départements ministériels.

Art.12.- Les schéma national d'aménagement du territoire sont approuvés par la loi. Il donne lieu à révision dans la même forme.

Section 2 - Schéma régional d'aménagement du territoire.

Art.13.- Le schéma régional d'aménagement du territoire est un instrument de planification à long terme qui traduit les orientations générales du schéma national d'aménagement du territoire à l'échelle de la région. Il doit être conforme au schéma national d'aménagement du territoire.

Art.14.- Le projet de schéma régional d'aménagement du territoire est élaboré par la di- rection régional du ministère chargé de l'aménagement du territoire en collaboration avec les services techniques compétents.

Art.15.- Le schéma régional d'aménagement du territoire est approuvé par décret pris en conseil des Ministres sur proposition du Ministre chargé de l'aménagement du territoire. Il peut faire l'objet de révision dans la même forme.

Section 3 - Schéma provincial d'aménagement du territoire.

Art.16.- Le schéma provincial d'aménagement du territoire traduit les orientations du schéma régional d'aménagement du territoire au niveau de la province. Il doit être conforme au schéma régional d'aménagement du territoire.

Art.17.- Le projet de schéma provincial d'aménagement du territoire est élaboré par le di- rection provinciale du ministère chargé de l'aménagement du territoire en collaboration avec les services techniques compétents.

Art.18.- Le schéma provincial d'aménagement du territoire est adopté et révisé dans les mêmes for- mes que celles décrites à l'article 15 ci-dessus.

Section 4 - Schéma directeur d'aménagement.

Art.19.- Le schéma directeur d'aménagement est un instrument de planification à moyen et long ter- mes. Il permet de fixer les orientations fondamentales d'occupation et d'utilisation des terres et les objectifs d'aménagement d'un espace donné. Il doit être conforme au schéma national, régional et provincial d'aménagement du territoire.

Art.20.- Le projet de schéma directeur d'aménagement est élaboré par les ministères char- gés du secteur concerné par l'aménagement.

Art.21.- Le schéma directeur d'aménagement est approuvé et révisé dans les mêmes formes que cel- les décrites à l'article 15 ci-dessus.

Chapitre 2 - Structures d'aménagement.

Art.22.- Il est créé une commission nationale, des commissions régionales et des commissions provinciales d'aménagement du territoire.

Art.23.- La commission nationale d'aménagement du territoire est chargée :

- de l'examen et de l'adoption de l'avant-projet de schéma national, des projets de schémas régionaux, des projets provinciaux d'aménagement du territoire et de schémas di- recteurs d'aménagement ;
- du suivi et de la mise à jour périodique desdits schémas.

Art.24.- La commission régionale d'aménagement du territoire est chargée d'examiner et de donner son avis sur tous les projets de schémas d'aménagement concernant la région.

Art.25.- La commission provinciale d'aménagement du territoire est chargée d'examiner et de donner son avis sur les avant-projets de schémas directeurs d'aménagement et d'urbanisme des vil- les et localités et de donner son avis sur tout projet d'aménagement intéressant la province.

Art.26.- L'organisation, la composition et le fonctionnement de la commission nationale, des commissions régionales et des commissions provinciales d'aménagement du territoire sont fixés par décret pris en conseil des Ministres.

Chapitre 3 - Conditions d'aménagements urbains et ruraux.

Section 1 - Aménagements urbains.

Art.27.- Les zones urbaines à aménager sont dé- terminées par le schéma directeur d'aménagement et d'urbanisme. Les différents types d'interventions à mener sont le lotissement, la restructuration, le remembrement, la rénovation et la restauration.

Art.28.- Les ministères chargés de l'administration du territoire, de l'environnement et de l'urbanisme doivent chacun en ce qui le concerne, préalable- ment à tout aménagement de villes et localités, pro- céder à la détermination de leurs limites administratives, à l'étude d'impact sur l'environnement et à l'élaboration d'un schéma directeur d'aménagement et d'urbanisme. Les localités situées à proximité d'une ville peu- vent être incluses dans le schéma directeur d'aménagement et d'urbanisme de celle-ci. **Art.29.-** Les procédures d'élaboration des divers plans de détails relatifs à ces différents types d'interventions sont précisées par décret pris en conseil des Ministres.

Section 2 - Aménagements ruraux.

Art.30.- Les zones rurales à vocation agricole, pastorale, forestière, faunique, hydraulique et piscicole sont déterminées par le schéma national, les schémas régionaux et provinciaux d'aménagement du territoire et les schémas directeurs d'aménagement.

Art.31.- Les ministères chargés de l'agriculture, de l'élevage, des forêts, de la faune, des pêches, de J'environnement et de l'hydraulique doivent, préalablement à l'aménagement de l'espace rural, pro- céder à l'évaluation des terres et à une étude d'impact sur l'environnement.

Art.32.- Les types et conditions d'aménagement des zones à vocation agricole, pastorale, forestière, faunique, hydraulique et piscicole sont précisés par décret pris en conseil des Ministres.

Titre 4 - Gestion du domaine foncier national.

Chapitre 1 - Principes généraux de gestion du domaine foncier national.

Art.33.- Le ministère chargé des domaines assure la gestion du domaine foncier national. Le ministère chargé du cadastre procède à la mise en place dudit cadastre dans les zones urbaines et rurales. Le ministère chargé de l'environnement veille à la lutte contre les pollutions et nuisances provenant des activités des particuliers et des collectivités publiques.

Art.34.- Certains biens immeubles du domaine foncier national, en raison de leur nature, de leur destination et de leur affectation, bénéficient de mesures particulières de gestion et de protection. Ce sont :

- 1° les cours d'eau et leurs lits, les sources et leurs dépendances, les lacs, les étangs et leurs emprises dans leurs limites légales ;
- 2° l'espace aérien ;
- 3° les chemins de fer, les routes, les pistes à bétail, les infrastructures, câbles et équipements du réseau de télécommunications, les voies de communication de toute nature avec leurs emprises et dépendances légales ;
- 4° les aérodromes, les aéroports, les aérogares ainsi que leurs dépendances avec leurs emprises et servitudes telles que définies par les règlements internationaux et les textes nationaux ;
- 5° les ouvrages exécutés dans un but d'utilité publique pour la maîtrise des eaux et le transport de d'énergie ;
- 6° les ouvrages de défense terrestre et aérienne de la nation
- 7° les monuments publics, les monuments ou sites historiques, les halles, les marchés, les cimetières délimités et les espaces verts ;
- 8° les gîtes de minerais et de carrière
- 9° les parcs nationaux, les réserves de faune et les autres formations naturelles classées avec leurs emprises et leurs dépendances dans leurs limites légales ;
- 10° et généralement, les biens de toute nature ayant vocation à l'usage direct du public. Les biens immeubles ainsi énumérés sont inaliénables, imprescriptibles et insaisissables.

Art.35.- Les biens immeubles énumérés à l'article 34 ci-dessus grèvent les fonds riverains de servitudes d'utilité publique dont la nature et l'importance sont déterminées d'après la destination assignée aux terrains concernés.

Art.36.- Aucune indemnité n'est due aux propriétaires de constructions et d'aménagements divers en raison de ces servitudes sauf si le plein exercice de ces servitudes nécessitait la destruction totale ou partielle des réalisations appartenant à des particuliers.

Art.37.- La police, la conservation et l'utilisation des biens énumérés à l'article 34 ci-dessus sont réglementées par l'autorité ayant dans ses attributions le service desdits biens.

Chapitre 2 - Gestion des terres du domaine foncier national.

Art.38.- Les terres du domaine foncier national sont classées en deux catégories suivant leur situation et leur destination les terres urbaines et les terres rurales.

Art.39.- Les terres urbaines sont celles situées dans les limites administratives ou celles du schéma di- recteur d'aménagement et d'urbanisme des villes et localités et destinées principalement à l'habitation, au commerce, à l'industrie, à l'artisanat, à l'installation des services publics et d'une manière générale aux activités liées à la vie urbaine. Les terres urbaines non encore aménagées ou terres suburbaines ne peuvent être occupées qu'à titre exceptionnel et sur autorisation de l'administration. Toute occupation sans titre est interdite et le déguerpissement ne donne lieu ni à recasement ni à indemnisation.

Art.40.- Les terres rurales sont celles situés en de- hors des limites administratives des villes et localités ou le cas échéant du schéma d'aménagement et d'urbanisme. Dans tes centres où ces limites ne sont pas encore déterminées, les terres destinées à des activités rurales ne peuvent être attribuées à moins de deux ou quatre Km des agglomérations suivant l'importance de celles-ci. Les terres rurales sont destinées principalement à l'agriculture, à l'élevage, à la sylviculture, à la pisciculture et plus généralement à toutes les activités liées à la vie rurale.

Section 1 - Structures de gestion des terres du domaine foncier national.

Art.41.- Il est créé au niveau des chefs-lieux de département et commune, les structures de gestion des terres du domaine foncier national ci-après :1° la commission d'attribution des terres destinées à l'habitation

;2° la commission d'évaluation et de constat de mise en valeur des terres ;

2° la, commission de retrait des terres.

Art.42.- La commission d'attribution du chef-lieu de département ou de commune est chargée de J'attribution aux personnes physiques ou morales des terres urbaines réservées par le plan d'aménagement à l'habitation conformément aux textes en vigueur. Elle a tous pouvoirs pour connaître de toutes questions liées à sa mission, exceptées celles relevant de la compétence des juridictions.

Art.43.- La commission d'évaluation et de constat de mise en valeur est chargée de vérifier que la mise en valeur des terres du domaine foncier national a été réalisée dans les délais prescrits et que les investissements ou réalisations sont conformes à la destination pour laquelle elles ont été attribuées et aux clauses et conditions du cahier des charges s'il y a lieu. Elle intervient sur réquisition de l'administration ou à la demande de l'attributaire. Nonobstant les dispositions ci-dessus, l'évaluation des terres du domaine foncier national pourra être effectuée par des cabinets privés d'expertise sous le contrôle de l'administration et dans les mêmes formes et conditions prévues pour la commission d'évaluation et de constat de mise en valeur.

Art.44.- La commission de retrait, sur la base des procès-verbaux dressés par la commission d'évaluation et de constat de mise en valeur et sur rapport du service chargé des domaines, décide du retrait des terrains à usage d'habitation ou de l'octroi de délai supplémentaire pour leur mise en valeur. Dans tous les cas le délai supplémentaire ne peut excéder douze mois.

Art.45.- La composition et le fonctionnement des commissions prévues à l'article 41 ci-dessus sont précisés par décret pris en conseil des Ministres.

Art.46.- Dans les villages, l'attribution, l'évaluation et le retrait des terres relèvent de la compétence de commissions villageoises de gestion des terroirs organisées en sous commissions spécialisées. L'autorité administrative territorialement compétente nomme par arrêté les membres des commissions villageoises de gestion des terroirs élus et/ou désignés suivant les réalités historiques, sociales et culturelles après réception du procès-verbal y afférent transmis par le préfet de la localité concernée. Le fonctionnement des commissions villageoises de gestion des terroirs est fixé par arrêté conjoint des Ministres chargés de l'administration du territoire, des domaines, de l'environnement de l'agriculture et des ressources animales.

Art.47.- Les terres attribuées dans les conditions de l'article 64 ci-dessous sont gérées par l'administration suivant la procédure d'instruction des dossiers y relatif s'impliquant les différents services concernés.

Section 2 - Titres de jouissance des terres du domaine foncier national.

Art.48.- Les terres du domaine foncier national à l'exception de celles qui sont soumises à un régime particulier par les textes, sont attribuées aux per- sonnes physiques et morales publiques ou privées, suivant les conditions propres à chaque destination.

Art.49.- Dans un même centre aménagé, une même personne physique ne peut être attributaire de plus d'un terrain à usage d'habitation.

Art.50.- L'occupation et la jouissance des terres du domaine foncier national donnent lieu à l'établissement de titres délivrés à titre onéreux ou exceptionnellement gratuit.

Art.51.- Tout occupant d'une terre du domaine foncier national doit être titulaire de l'un des titres suivants :

- arrêté d'affectation ;
- arrêté de mise à disposition
- permis d'occuper ;
- permis urbain d'habiter ;
- permis d'exploiter ;
- bail.

Art.52.- Nonobstant les dispositions des articles 50 et 51 ci-dessus, l'occupation et J'exploitation des terres rurales non aménagées dans le but de subvenir aux besoins de logement et de nourriture de l'occupant et de sa famille ne sont pas subordonnées à la possession d'un titre administratif

.**Art.53.-** L'occupation et l'exploitation des terres dans les conditions de l'article 52 sont gratuites et ne donnent pas lieu à paiement de taxes ou redevances.

Art.54.- L'arrêté d'affectation est un titre délivré aux services publics pour l'occupation des terres du domaine foncier national à des fins non lucratives avec possibilité d'aliénation définitive desdites terres dans les conditions déterminées par la pré- sente loi

.**Art.56.-** Le permis d'occuper est un titre de jouissance précaire et révocable délivré aux personnes physiques ou morales désirant installer une activité lucrative sur des terres du domaine foncier national qui, par leur nature ou leur destination ou pour toute autre raison d'opportunité, ne peuvent être concédées en jouissance privative de longue durée.

Art.57.- Le permis urbain d'habiter est un litre de jouissance permanent délivré aux personnes physiques ou morales pour l'occupation des terres urbaines destinées à l'habitation avec possibilité d'aliénation définitive desdites terres dans les conditions déterminées par la présente loi.

Art.58.- Le permis d'exploiter est un titre de jouissance permanent délivré aux personnes physiques ou morales pour l'occupation à des fins lucratives de terres du domaine foncier national avec possibilité d'aliénation définitive desdites terres dans les conditions déterminées par la présente loi.

Art.81.- Des concessions de service public fondées sur l'utilisation des eaux peuvent être accordées aux personnes physiques ou morales de droit public ou privé si la demande présente un caractère d'intérêt général. Ces concessions sont approuvées par décret pris en conseil des Ministres.

Art.82.- Les concessions sont accordées moyen- nant le paiement d'une redevance. Toutefois dans certains cas, la redevance peut être symbolique.

Art.83.- Il est institué un comité technique de l'eau chargé de proposer les options fondamentales d'aménagement en matière de ressources en eau. Ses attributions et sa composition sont précisées par décret pris en conseil des Ministres.

Section 2. Forêts.

Art.84.- Au sens de la présente loi, sont considérés comme forêts, les terrains occupés par des formations végétales d'arbres et d'arbustes, les terrains déboisés et les terrains nus destinés à être reboisés pour la production forestière ou à des fins de protection.

Art.85.- L'exploitation forestière peut être faite à des fins domestiques, commerciales ou industriel- les. Elle peut donner lieu à paiement de taxes ou redevances.

Art.86.- Les textes réglementaires déterminent les cas dans lesquels une obligation de repeuplement est imposée après coupe.

Art.87.- Tout ou partie d'une forêt peut faire

Art.88.- Les conditions et modalités de protection ainsi que la procédure de classement et de déclassement des forêts font l'objet d'un décret pris en conseil des Ministres.

Section 3. Faune.

Art.89.- Au sens de la présente loi la faune est constituée de l'ensemble des espèces animales sauvages. La faune ainsi définie est un patrimoine de la nation. Elle doit être gérée au profit des populations.

Art.90.- L'exploitation de la faune peut donner lieu au paiement de taxes ou redevances.

Art.91.- Les conditions et modalités de gestion de la faune font l'objet d'un décret pris en conseil des Ministres.

Art.92.- Les aires fauniques sont déterminées par les schémas directeurs d'aménagement. Leur mode de gestion est déterminé par décret.

Art.93.- Le classement et le déclassement des aires fauniques autres que les parcs nationaux et les ré- serves de la biosphère sont prononcés par décret pris en conseil des Ministres sur proposition du ministère chargé de la faune. La procédure y afférente sera précisée par décret pris en conseil des Ministres.

Section 4. Pêches.

Art.95.- Au sens de la présente loi, ou entend par pêches l'aménagement et l'exploitation des ressources halieutiques des eaux publiques ou privées.

Art.96.- Les pêches comprennent deux types d'activités la pêche et la pisciculture. La pêche est la capture collective ou individuelle de poissons ou assimilés. La pisciculture consiste en l'élevage de poissons dans des pièces d'eau spécialement aménagées avec maîtrise totale ou partielle de l'eau.

Art.97.- L'exercice de ces différentes activités de pêches peut donner lieu au paiement de taxes ou redevances.

Art.98.- Les conditions et modalités de gestion ainsi que de protection des pêches sont déterminées par décret pris en conseil des Ministres.

Art.94.- Le classement ou le déclassement des parcs nationaux et des réserves de la biosphère est décidé par la loi.

Art.95.- Au sens de la présente loi, ou entend par pêches l'aménagement et l'exploitation des ressources halieutiques des eaux publiques ou privées.

Art.96.- Les pêches comprennent deux types d'activités la pêche et la pisciculture. La pêche est la capture collective ou individuelle de poissons ou assimilés. La pisciculture consiste en l'élevage de poissons dans des pièces d'eau spécialement aménagées avec maîtrise totale ou partielle de l'eau.

Art.97.- L'exercice de ces différentes activités de pêches peut donner lieu au paiement de taxes ou redevances.

Art.98.- Les conditions et modalités de gestion ainsi que de protection des pêches sont déterminées par décret pris en conseil des Ministres.

Section 5 - Substances de carrière et de mines.

Art.99.- La prospection, la recherche, l'exploitation, la possession, la détention, la circulation, la transformation et la commercialisation des substances minérales extraites du sol et du sous-sol sont soumises aux dispositions de la pré- sente loi.

Art.100.- Les gîtes de substances minérales sont classés en carrière, mines et hydrocarbures liquides ou gazeux.

Art.101.- Au sens de la présente loi, constituent :

1° des substances de carrière : les matériaux de construction, d'empierrement et d'amendement pour la culture des terres ainsi que des substances servant à l'industrie céramique et toutes autres substances analogues ;

2° des gîtes d'hydrocarbures liquides ou gazeux : les concentrations de ces matières servant à l'industrie pétrolière et ses annexes ;

3° des substances de mines : les substances minérales non classées dans les carrières et dans les gîtes d'hydrocarbures liquides ou gazeux.

Art.102.- La prospection, la recherche et l'exploitation des substances de carrière et de mines donnent lieu à l'établissement de titres miniers délivrés à titre onéreux. Les activités de prospection, de recherche ou d'exploitation des substances minérales sont sou- mises au paiement de taxes ou de redevances. Les titres miniers sont : l'autorisation de prospection, le permis de recherche, le permis d'exploitation de substances minérales.

Art.103.- L'autorisation de prospection minière est un titre à durée déterminée délivré aux personnes physiques ou morales désirant mener des investigations superficielles, avec ou sans utilisation de méthodes géo-physiques, en vue de découvrir des indices de substances minérales.

Art.104.- Le permis de recherche de substances minérales est un titre à durée déterminée délivré aux personnes physiques ou morales désirant exercer des activités de recherches relatives aux carrières, mines et hydrocarbures.

Art.105.- Le permis d'exploitation de substances minérales est un titre à durée déterminée délivré aux personnes physiques ou morales désirant mener des travaux d'exploitation relatifs aux carrières, mines et hydrocarbures.

Art.106.- Le titulaire d'un permis de recherche ou d'un permis d'exploitation peut bénéficier d'une concession minière s'il fournit la preuve de l'existence d'un gisement exploitable suffisamment important à l'intérieur du périmètre sollicité.

Art.107.- Les conditions d'obtention de la concession minière sont précisées par décret pris en conseil des Ministres.

Art.108.- Les substances de carrière et de mines et les hydrocarbures liquides ou gazeux concédés peuvent, en cas de circonstances graves, faire l'objet de réquisition, moyennant le paiement d'une indemnité aux bénéficiaires de la concession. En aucun cas le montant de cette indemnité ne pourra être supérieur au cours mondial de la substance en cause au moment de la réquisition.

Art.109.- Tout titre minier doit faire l'objet de publicité. En outre, le permis d'exploitation et les concessions minières font l'objet d'une publicité foncière.

Art.110.- Les conditions et modalités de prospection, de recherche, d'exploitation et de concession sont précisées par décret pris en conseil des Ministres.

4 - Répression des infractions aux régimes de l'eau, des forets, de la faune, des pêches et des substances de carrières et de mines.

Section 1 - Dispositions communes.

Art.111.- Les infractions aux dispositions des régimes de l'eau, des forêts, de la faune, des pêches, des substances de carrière et de mines sont constatées par les officiers de police judiciaire et les agents assermentés des différents services compétents. Ceux-ci ont qualité pour constater les infractions, procéder aux enquêtes, perquisitions et saisies conformément au Code de procédure pénale.

Art.112.- Les constats, enquêtes, perquisitions et saisies, doivent faire l'objet de procès-verbaux. **Art.113.-** Ces procès-verbaux font foi jusqu'à inscription en faux.

Art.114.- Sans préjudice des confiscations, restitutions, remises en état et dommages et intérêts, les infractions aux régimes de l'eau, des forêts, de la faune et des pêches sont passibles d'une amende de 5.000 FCFA à 1.000.000 FCFA et d'un emprisonnement de un mois à cinq ans, ou de l'une de ces deux peines seulement.

Art.115.- En cas de récidive, les peines prévues sont portées au double.

Art.116.- Les peines prévues à l'article 1 14 ci- dessus sont portées au double lorsqu'il a été fait usage de produits, moyens ou procédés prohibés.

Section 2 - Dispositions spécifiques.

1) Eau.

Art.117.- Constituent des infractions au régime de l'eau :

1° le prélèvement des eaux domaniales à des fins non domestiques sans déclaration ou autorisation ;

2° l'introduction ou la complicité d'introduction des excréments ou tout autre matière susceptible de nuire à la salubrité de l'eau des sources, des fontaines, puits, citernes, conduites ou réservoirs servant à l'alimentation humaine ;

3° le déversement ou le rejet dans l'es nappes phréatiques ou dans un cours d'eau, lac, étang, des déchets sans autorisation et sans respect des normes imposées ;

4° la construction des fosses septiques, latrines, dépôts d'ordures, zones d'enfouissement sanitaire, lavoirs publics et abreuvoirs pour animaux sans autorisation et sans respect des normes imposées ;

5° le refus de se conformer aux mesures d'urgence en cas de sécheresse ou de force majeure ;

6° l'obstruction ou la tentative d'obstruction aux contrôles prévus par les présentes dispositions et plus généralement tout acte nuisible à la qualité ou à la quantité des eaux publiques.

2) Les forêts.

Art.118.- Constituent des infractions au régime des forêts :

1° l'exploitation à des fins commerciales des produits ligneux sans permis ou autorisation ;

2° l'exploitation d'essences forestières bénéficiant de mesures de protection particulières ;

3° les défrichements dans les forêts classées sans autorisation ;

4° l'ébranchage, la mutilation ou l'endommagement des arbres et arbustes sans autorisation ;

5° la circulation des produits forestiers sans autorisation ;

6° le stockage de produits forestiers à des fins commerciales sans permis de dépôt ;

7° la divagation des animaux domestiques dans les forêts classées ;

8° les feux de brousse.

3) Faune.

Art.119.- Constituent des infractions au régime de la faune :

1° l'exercice de la chasse sans permis ;

2° l'exercice de la chasse en dehors de la période autorisée ;

3° l'exercice de la chasse dans les parcs et ré- serves totales de faune ;

4° l'abattage d'un animal sauvage appartenant à la classe des espèces intégralement protégées ;

5° l'abattage de nouveau-nés et des jeunes n'ayant pas atteint la moitié de la taille adulte ;

6° l'abandon des dépouilles de gibier suries terrains de chasse ;

7° la non-déclaration des espèces animales abattues ;

8° la vente de produits fauniques sans autorisation ;

9° l'utilisation de moyens et procédés prohibés tels les feux de brousse, les appâts divers, les engins roulants ou volants, les armes automatiques à répétition, les pièges, traquenards, filets et équipements électroniques, les engins éclairants ou éblouissants, les drogues ou poisons divers ; les armes 22 long rifle, de calibre 5,5 ou de puissance analogue on inférieure pour le tir d'animaux autres que les espèces classées « petit gibier », la chasse à l'affût.

4) Pêches. **Art.120.-** Constituent des infractions au régime des pêches :

1° la pêche sans permis ou autorisation

2° la pêche dans les zones ou pendant les périodes interdites ;

3° la pêche d'espèces dont la capture est prohibée ou dont le poids ou la taille est inférieur aux minima fixés par la réglementation en vigueur ;

5) Substances de carrière et de mines.

Art.121.- Sont punis d'une amende de 10.000.000 à 50.000.000 FCFA et d'un emprisonnement de cinq à dix ans ou de l'une de ces deux peines seulement, ceux qui se livrent d'une façon illicite à l'extraction des substances minérales classées comme matières précieuses et pierres précieuses sans préjudice de la confiscation des substances et pierres en cause.

Art.122.- Sont punis d'une amende de 5.000.000 à25.000.000 FCFA et d'un emprisonnement de deux à cinq ans ou de l'une de ces deux peines seule- ment :

1° ceux qui font sciemment une fausse déclaration lors des demandes d'octroi de titres miniers ;

2° ceux qui détruisent, déplacent ou modifient d'une façon illicite des signaux ou des bornes ;

3° ceux qui falsifient les &mentions portées sur les registres de titres ;

4° ceux qui se livrent d'une façon illicite à l'extraction de substances minérales autres que celles classées comme matières précieuses et pierres précieuses.

Art.123.- Sont punis d'une amende de 500.000 à 5.000.000 FCFA et d'un emprisonnement de six mois à deux ans ou de l'une de ces deux peines seulement, les titulaires de titres miniers qui ne tiennent pas leurs registres d'extraction, de vente et d'expédition d'une façon régulière ou qui refusent de les communiquer aux agents assermentés de l'administration.

Art.124.- Les peines encourues en application des articles 121 à 123 sont portées au double en cas de récidive.

Section 3 - Procédure en matière d'infractions au régime des forets, de la faune et des pêches.

1) Recherche et constatation des infractions.

Art.125.- Les agents des eaux et forêts assermentés ont libre accès aux forêts, aires fauniques, lieux de dépôts de bois, scieries, restaurants, centres de pêches, poissonneries et marchés pour accomplir leur mission de contrôle et de vérification.

Art.126.- Les agents des eaux et forêts doivent conduire devant les autorités administratives ou de police tout délinquant dont ils veulent vérifier l'identité. lis ont le droit de requérir la force publique pour la répression des infractions aux régimes des forêts, de la faune et des pêches ainsi que pour la recherche, la saisie des produits exploités, vendus ou circulant en violation des dispositions en vigueur.

Art.127.- Les agents des eaux et forêts non assermentés n'ont compétence que pour rechercher et constater les infractions. Ils dressent des constats d'infractions, qui doivent être entérinés par procès- verbaux d'agents assermentés dans les huit jours qui suivent la date de clôture desdits constats.

Art.128.- Les infractions aux régimes des forêts, de la faune, ou des pêches sont prouvées, soit par procès-verbaux, soit par témoins en cas d'insuffisance des procès-verbaux. Les procès-verbaux dressés par les agents forestiers assermentés font foi jusqu'à inscription en faux des faits matériels délictueux qu'ils constatent.

Art.129.- Le prévenu qui veut s'inscrire en faux contre un procès-verbal est tenu de le faire au moins huit jours avant l'audience indiquée par la citation du tribunal concerné. Il doit faire en même temps le dépôt des moyens de faux et indiquer les témoins qu'il veut faire entendre. Le prévenu contre lequel a été rendu un jugement par défaut est admis à faire sa déclaration d'inscription en faux pendant le délai qui lui est accordé pour se présenter à l'audience sur l'opposition par lui formée.

Art.130.- Le droit de perquisition est reconnu aux agents des eaux et forêts assermentés nonobstant les dispositions du Code de procédure pénale en la matière. Il est exercé nécessairement à deux au moins. Lorsqu'un agent est amené à agir seul, il doit obligatoirement se faire assister d'un ou de plusieurs témoins. Toutefois, la perquisition reste interdite de 21 heures à 6 heures hors les cas de flagrant délit.

2) Confiscations et saisies

Art.132.- Dans tous les cas où il y a lieu à confiscation de produits des forêts, de la faune et des pêches, les procès-verbaux qui constatent l'infraction indiquent expressément la saisie et la confiscation desdits produits. Lorsque les produits ont été endommagés par l'action ou la faute du contrevenant, les tribunaux en détermineront la valeur à charge de restitution, sans préjudice du dommage occasionné. Dans ce cas, les poursuites et peines prévues aux dispositions du Code pénal sont applicables.

Art.133.- Tous les produits forestiers, fauniques ou piscicoles appréhendés en situation illégale sont confisqués d'office, et le matériel qui a servi à les abattre, à les récolter, ou à les transporter est saisi jusqu'au règlement définitif du litige. Le matériel et les animaux saisis peuvent être confisqués si le règlement de l'affaire n'intervient pas dans les dé- lais notifiés au contrevenant par le procès-verbal. Dans tous les cas, les produits, les animaux, et le matériel provenant de la confiscation ou de la restitution sont :

- soit remis aux autorités administratives locales pour consommation dans les cantines des établissements publics à caractère social, en ce qui concerne les produits périssables ;

- soit vendus de gré à gré, ou par voie d'adjudication publique, par les services des eaux et forêts au profit du trésor publie.

Art.134.- Les services des eaux et forêts peuvent également procéder à la confiscation des produits régulièrement achetés ou provenant de prélèvements autorisés, mais qui auront été exploités ou transportés en dehors des conditions fixées par les textes en vigueur.

3) Actions et poursuites.

Art.135.- Les actions et poursuites sont exercées directement par le chef du service des eaux et forêts concerné devant les juridictions suivant les règles générales de compétence, sans préjudice du droit qui appartient au ministère public près ces juridictions. Les officiers des eaux et forêts ont le droit d'exposer l'affaire devant le tribunal, et sont entendus à l'appui de leurs conclusions. Devant les juridictions, ils siègent à la suite du procureur et des substituts, et assistent à l'audience en uniforme et découverte[2].

---

[2] **EXEMPLES DE DROITS**

· Le droit d'utiliser un terrain.

· Le droit d'interdire l'utilisation d'un terrain à des personnes non autorisées.

· Le droit de déterminer le mode d'utilisation d'un terrain.

· Le droit de tirer un revenu d'un terrain.

· Le droit d'être protégé contre une expropriation illégale du terrain.

· Le droit de transmettre les droits sur le terrain à des héritiers (c.-à-d. la possession par les descendants du droit d'hériter du terrain).

· Le droit d'aliéner tous les droits relatifs à la totalité de la propriété (p. ex. en la vendant) ou une portion de celle-ci (p. ex. en la subdivisant).

· Le droit d'aliéner seulement une partie de ces droits (p. ex. par un bail).

· Un droit résiduel sur le terrain, p.ex. quand des droits partiellement aliénés viennent à expiration (notamment à l'expiration d'un bail), ces droits sont à nouveau détenus par la personne qui les avait aliénés.

· Le droit de jouir des droits de propriété pendant une durée indéterminée, c.-à-d. que ces droits n'expirent pas à une date déterminée mais peuvent être valables à perpétuité.

· L'obligation de ne pas utiliser un terrain d'une façon pouvant porter préjudice aux autres membres de la société (ce droit est alors détenu par ceux qui ne jouissent pas du droit d'utiliser le terrain).

· L'obligation de renoncer aux droits sur un terrain lorsque ceux-ci sont retirés en vertu d'une procédure légale (p. ex. en cas d'insolvabilité, ces droits sont détenus par les créanciers ou, en cas de défaut de paiement d'un impôt, ils reviennent à l'État).

On peut considérer comme droits de propriété formels ceux qui sont explicitement reconnus par l'État et qui peuvent être protégés en invoquant des recours légaux.

Les droits fonciers informels sont ceux qui ne sont ni reconnus ni protégés officiellement. Il arrive même qu'ils soient illégaux, c'est-à-dire détenus en contravention directe de la loi. Un cas extrême est celui de squatters occupant un terrain en contravention d'un arrêté d'expulsion. Dans de nombreux pays, la possession de certains biens peut être illégale parce que les lois sont inadéquates. Par exemple, la loi impose parfois une superficie minimale pour les exploitations agricoles alors que, dans la pratique, celles-ci sont parfois beaucoup plus petites suite à des subdivisions intervenues de façon informelle entre des héritiers. Les droits fonciers peuvent aussi être illégaux en vertu de la façon dont ils sont utilisés, par exemple dans le cas d'une conversion illégale de terres agricoles en vue de leur urbanisation.

Dans d'autres cas, un droit peut être «extralégal», c'est-à-dire n'être pas reconnu par la loi sans pour autant être en contravention de celle-ci. Dans certains pays, les droits coutumiers détenus par les collectivités autochtones rurales relèvent de cette catégorie. On fait souvent une distinction entre les droits statutaires ou «droits formellement reconnus» et les droits coutumiers ou «droits traditionnels». Cette distinction s'estompe toutefois dans certains pays, en particulier en Afrique, où la loi reconnaît formellement les droits coutumiers.

Des droits formels et informels peuvent exister relativement à une même propriété. Ainsi, dans un pays interdisant le métayage ou l'affermage, il peut arriver que le détenteur des droits de propriété officiellement reconnus sur une parcelle afferme illégalement celle-ci à un sans-terre.

Ces différents modes de régime foncier peuvent créer un système complexe de droits et autres intérêts. La situation se complique tout particulièrement lorsque des droits statutaires sont accordés sans tenir compte des droits coutumiers existants (p. ex. pour l'agriculture et le pâturage). Une confrontation entre des droits de jure (existant en vertu des lois formelles) et des droits de facto (existant dans les faits) se produit souvent relativement à des terres de parcours ou d'agriculture pluviale marginales et déjà surexploitées. De même, dans les zones en proie à un conflit ou sortant d'un conflit, l'arrivée de personnes déplacées est parfois source de grandes incertitudes quant au fait de savoir quels droits sont détenus ou devraient l'être par les nouveaux arrivants ou les résidents déjà installés sur place.

La complexité de la situation et les risques de litige peuvent prendre encore plus d'ampleur quand, par exemple, des terres sont déclarées de propriété publique et bénéficient de subventions ou sont affermées sans consultation préalable auprès des propriétaires coutumiers (dont les droits ne sont pas considérés comme illégaux), ou encore quand des squatters se sont installés illégalement sur un terrain (cf. figure 2).

TROISIEME PARTIE. LA LEGISLATION FONCIERE DU CAMEROUN

Ordonnance n° 74-1 du 6 juillet 1974 Fixant le régime foncier.

DISPOSITIONS GENERALES

Article premier. L'Etat garantit à toutes les personnes physiques ou morales possédant des terrains en propriétés, le droit d'en jouir et d'en disposer librement. L'Etat est le gardien de toutes les terres. Il peut, à ce titre, intervenir en vue d'en assurer un usage rationnel ou pour tenir compte des impératifs de la défense ou des options économiques de la nation. Les conditions de cette intervention seront fixées par décret.

TITRE II. DE LA PROPRIETE PRIVEE

Art. 2. Font l'objet du droit de propriété privée, les terres énumérées ci-après : a- les terres immatriculées ; b- les freehold lands ; c- les terres acquises sous le régime de la transcription ; d- les concessions domaniales définitives ;e- les terres consignées au « Grundbuch ».

Art. 3. Dès l'entrée en vigueur de la présente ordonnance, les titulaires des droits découlant des actes énumérés en b, c, d et e du précédent article doivent les déposer au service provincial ou départemental des domaines en vue de leur publication dans les livres fonciers. A défaut de cette publication, aucun acte constitutif, modificatif ou translatif de droit réel sur les immeubles en cause ne peut être transcrit ni opposé aux tiers.

Art.4. (Ordonnance 77-1) du 10 janvier 1977). Les titulaires de livrets fonciers ou de «certificates of occupancy » sur des terrains en milieu urbain sont tenus sous peine de déchéance, de les faire transformer en titres fonciers dans un délai de six ans à compter du 5 août 1974 ; date de publication de l'ordonnance N° 1 du 6 juillet 1974 ; ledit délai est porté à 15 ans pour les terrains en milieu rural. Toutefois, la transformation des « certificates of occupancy » délivrés aux personnes physiques de nationalité étrangère et aux personnes morales ne pourra être opérée qu'après examen cas par cas.

Art.5. (Ordonnance 77-1 du 10 janvier 1977). Les titulaires de jugements définitifs constitutifs ou translatifs des droits sur terrains en milieu urbain doivent également sous peine de déchéance, en saisir le service des domaines compétent dans un délai de dix ans à compter du 15 août 1974, date de publication de l'ordonnance n°1 du 6 juillet 1974, en vue d'obtenir leur transformation en titres fonciers ; ledit délai est porté à 15 ans pour les terrains en milieu rural. Toutefois, lorsque ces jugements portent sur des immeubles habités par des occupants de bonne foi, ceux-ci jouissent en cas de vente desdits immeubles d'un droit de préférence qui n'exerce dans le cadre de l'aménagement de la zone concernée. Tous les litiges fonciers pendants devant les juridictions et introduits en dehors de la procédure de l'immatriculation sont de la compétence des commissions prévues à l'article 16 ci-dessous. Les dossiers y relatifs sont transférés à ces commissions dès l'entrée en vigueur de la présente ordonnance.

Art.6. Les procédures d'obtention de titre foncier ou de « certificate of occupancy » en cours à la date d'entrée en vigueur de la présente ordonnance seront poursuivies jusqu'à leur terme, conformément à la réglementation en vigueur. Les « certificates of occupancy » délivrés en application du présent article seront transformés en titres fonciers dans les conditions fixées à l'article 4 ci-dessus.

Art.7. Les conditions d'obtention du titre foncier ainsi que les règles relatives à son annulation sont fixées par décret. La constitution des privilèges et hypothèques, le régime des inscriptions des pré notations et de la saisie immobilière sont fixées par la loi.

Art.8. Les actes constitutifs, translatifs ou extinctifs de droits réels immobiliers doivent à peine de nullité, être établis en la forme notariée. Sont également nulles de plein droit les cessions et locations de terrains urbains ou ruraux non immatriculés au nom du vendeur ou du bailleur. En outre, les vendeurs, les bailleurs ainsi que les notaires et greffiers-notaires auteurs desdites actes sont passibles d'une amende de 25.000 à 100.000 francs et d'un emprisonnement de 15 jours à 3 ans ou d'une de ces deux peines seulement. Sont passibles de mêmes peines :1. Ceux qui vendent ou louent un même terrain à plus d'une personne ;2. Ceux qui, n'ayant pas qualité, procèdent à des ventes ou location d'immeuble appartenant à autrui ;3. Les notaires ou greffiers-notaires qui prêtent leur concours aux personnes visées ci- dessus ou qui passent des actes sur les immeubles situés en dehors du ressort territorial de leur étude ;4. Ceux qui font immatriculer un immeuble en omettant sciemment de faire inscrire des hypothèques, droit réels ou charges dont ledit immeuble est grevé ;5. Ceux qui, sans autorisation de la personne qualifiée, exploitent ou se maintiennent sur un terrain dont ils ne sont pas propriétaires. Dans ce cas, la juridiction ordonne le déguerpissement de l'occupant à ses propres frais.

Art.9. Sous réserve des lois et règlements relatifs à l'urbanisme, à l'hygiène et à la police, les propriétaires peuvent exploiter sur leurs terrains, les carrières telles qu'elles sont définies par la réglementation minière.

Art.10. (Loi N° 80-21 du 14 juillet 1980)1) Les personnes physiques ou morales de nationalité étrangère désirant investir au Cameroun ainsi que les missions diplomatiques ou consulaires et les organisations internationales peuvent conclure des baux ou acquérir des propriétés immobilières, sauf dans les zones frontalières. Les actes établis à cet effet doivent, à peine de nullité, être revêtus :- du visa du ministre chargé des domaines en ce qui concerne les particuliers ;- du visa du ministre des affaires étrangères et du ministre chargé des domaines en ce qui concerne les missions diplomatiques et consulaires et les organisations internationales.2) Toutefois, l'acquisition des propriétés immobilières par les missions diplomatiques et consulaires accréditées au Cameroun ne peut être autorisée que sous condition de réciprocité. La superficie totale cessible ne peut dépasser 10.000 m^2 pour chaque mission, sauf dérogation spéciale accordée par le gouvernement.3) En cas de revente, l'Etat jouit d'un droit de préemption sur le rachat de l'immeuble compte tenu du prix initial, de la mise en valeur réalisée et de l'amortissement. Les actes établis à cet effet doivent, à peine de nullité, être soumis au visa préalable du ministre chargé des domaines.4) Les acquisitions visées ci-dessus n'entrainent pas l'aliénation des ressources du sous-sol.

Art.11. Dans le cadre des opérations d'aménagement ou de rénovation des centres urbains, il pourra être procédé au remembrement du parcellaire existant. La procédure du remembrement sera fixée par décret

Art.12. Pour la réalisation des objectifs d'intérêt général, l'Etat peut recourir à la procédure d'expropriation. Cette procédure est engagée soit directement lorsqu'elle vise à réaliser des opérations d'intérêt public, économique ou social, soit indirectement à la demande des communes, des établissements publics ou des concessionnaires de service public, lorsque les tentatives de règlement à l'amiable entre ces organismes et les propriétaires se sont révélées infructueuses. La procédure d'expropriation et les modalités d'indemnisation sont fixées par un texte particulier.

Art.13. Les organismes bénéficiaires de l'expropriation sont tenus d'indemniser les victimes sur leur budget. Il n'est dû aucune indemnité pour destruction vétustes ou menaçant ruines ou de celles réalisées en infraction aux règles d'urbanisme. Sont éteintes en matière immobilière, toutes actions intentées contre l'Etat en vue de la réparation des dommages causés aux collectivités ou aux individus par application de la législation antérieure au 1er janvier 1960.Ne donnent lieu à aucune révision les indemnités d'expropriation ou de déguerpissement allouées antérieurement à la date d'entrée en vigueur de la présente ordonnance.

TITRE III. DU DOMAINE NATIONAL

Art.14. Constituent de plein droit le domaine national, les terres qui, à la date d'entrée en vigueur de la présente ordonnance, ne sont classées dans le domaine public ou privé de l'Etat ou des autres personnes morales de droit public. Ne sont pas incluses dans le domaine national les terres faisant l'objet d'un droit de propriété telle que définie à l'article 2 ci-dessus. En cas de déchéance prévue aux articles 4 et 5 de la présence ordonnance ou de non aboutissement de la procédure visée à l'article 6 les terrains sont d'office incorporés au domaine national.

Art 15. Les dépendances du domaine national sont classées en deux catégories :1. Les terrains d'habitation, les terres de culture, de plantation, de pâturage et de parcours dont l'occupation se traduit par une emprise évidente de l'homme sur la terre et une mise en valeur probante.2. Les terres libres de toute occupation effective.

Art 16. Le domaine national est administré par l'Etat en vue d'en assurer une utilisation et une mise en valeurs rationnelles. A cet effet, sont crées des commissions consultatives présidées par les autorités administratives et comprenant obligatoirement les représentants des autorités traditionnelles.

Art.17. Les dépendances du domaine national sont attribuées par voie de concession, bail ou affection dans des conditions déterminées par décret. Toutefois, les collectivités coutumières, leurs membres ou toute autre personne de nationalité camerounaise qui, à la date d'entée en vigueur de la présence ordonnance, occupent ou exploitent paisiblement des dépendances de la première catégorie prévue à l'article 15, continueront à les occuper ou à les exploiter. Ils pourront, sur leur demande y obtenir des titres de propriété conformément aux dispositions du décret prévues à l'article 7.Dans le respect de la réglementation en vigueur, un droit de chasse et de cueillette leur est également reconnu sur les dépendances de deuxième catégorie prévue à l'article 15, tant que l'Etat n'aura pas donné à ces terres une affection précise.

Art. 18. (Ordonnance77-1 du 10 janvier 1977) En vue de la réalisation des opérations d'intérêt public, économique ou social, l'Etat peut classer au domaine public ou incorporer dans son domaine privé ou dans celui des autres personnes morales de droit public, des portions du domaine national.

TITRE IV. DE LA FISCALITE FONCIERE

Art. 19. Les opérations foncières donnant lieu à perception de droit sont les suivantes :

- Etablissement du titre foncier ;- Inscriptions diverses dans livre foncier ;- Délivrance de relevé des inscriptions du livre foncier ou de divers certificats à la demande des personnes morales ;- Travaux topographiques, topométriques ou cadastraux. Les tarifs de ces droits sont fixés, le cas échéant, par la loi de finances.

Art. 20. La perception des recettes visées à l'article précédent est effectuée par les receveurs des domaines sur ordre de versement établi par les services compétents des domaines et du cadastre.

Art. 21. Les agents habilités à constater les infractions à la présente ordonnance sont désignés par le ministre chargé des domaines.

Art. 22. La présente ordonnance qui abroge les dispositions contraires en la matière ainsi que le décret – loi du 9 janvier 1963 et la « Land and Native Rights Ordinance » du 1er janvier 1948 sera enregistrée, publiée au journal officiel en français et en anglais et exécutée comme loi de la République unie du Cameroun[3].

---

[3] **Des réformes insuffisantes**

Dire qu'il n'y a pas eu d'avancées pour suppléer aux failles des lois serait un mensonge. À partir de 2017, sur initiative du Parlement et du gouvernement, certains amendements à ladite loi ont été réalisés, au même titre que pour la législation pénale. Seulement, ces réformes s'occupent beaucoup plus de la répression que de la prévention. Quant aux droits réels, les amendements bannissant les procurations sous seing privé pour en exiger désormais la forme authentique (établies devant un notaire ou un avocat agréé près la Cour Suprême) serait louable, en ce qu'il viendrait compliquer la tâche aux spoliateurs, mais quid de l'usurpation d'identité ? Qui plus est, la loi qui est au cœur de la polémique reste intouchable. Ce qui implique pour les propriétaires (en tout cas les plus avertis) de vérifier régulièrement à la conservation que leurs biens leur appartiennent toujours. Une totale aberration!

Pour ce qui est des projets de lois adoptés en conseil du gouvernement et présentés au Parlement en septembre 2018 pour approbation : le premier modifie et complète le code de procédure pénale en conférant au parquet la prérogative d'ordonner des mesures conservatoires pendant l'instruction de l'affaire (e.g. gel, interdiction de cession), que ce soit sur auto-saisine, requête des juges ou des parties au procès ; le second se donne pour but d'unifier les peines relatives aux crimes de falsification pour tous les professionnels spécialisés dans l'élaboration des contrats (notaires, avocats et autres). La dissuasion générale s'en dégageant serait certes propice à l'amélioration du traitement judicaire des affaires de spoliation, mais nombre d'aspects restent omis.

Encore du pain sur la planche...

En effet, la situation piétine tant les autorités ne prennent pas le taureau par les cornes. On entend par cela des mesures visant d'une part une meilleure lutte contre l'impunité, d'autre part, une intervention en amont pour prévenir et ce au niveau de l'agence de Conservation foncière.

C'est ainsi qu'à court terme l'urgence implique la création d'un fonds d'indemnisation pour les victimes jusque-là lésées dans le cadre de l'ancienne législation (antérieure à l'abrogation que nous appelons de nos vœux). Une aggravation des sanctions (après les avoir unifiées) s'impose aussi, surtout qu'il s'agit de professionnels sensés être garants des intérêts des citoyens. Pour cela, non seulement les peines d'emprisonnement devraient être plus sévères mais une amende au moins équivalente à la valeur du bien spolié devrait être versée. Augmenter la célérité de procédure dans les affaires en instance en limitant notamment les reports d'audiences (et frais en découlant, surtout pour les propriétaires se déplaçant de l'étranger, et qui sont les cibles privilégiées des spoliateurs) serait un autre aspect à améliorer. Vient ensuite le rôle de l'agence de Conservation foncière qui doit blinder son système informatique pour une meilleure sécurité documentaire. Les personnes malveillantes ont facilement accès à son système pour repérer les biens en déshérence. Et loin d'être une simple agence d'archivage, la Conservation foncière doit assumer désormais une obligation de résultat quant à la garantie du droit de propriété en renforçant la transparence de ses opérations. Il est inadmissible de tolérer cette carence institutionnelle à son niveau. Cette agence engloutit en effet une part importante du budget étatique, fonctionne de manière opaque et avalise des transactions douteuses. Elle devrait arrêter toute transaction en cas de doute sur sa licéité, et les indices sont bien nombreux pour mettre la puce à l'oreille du conservateur surtout s'agissant de biens en déshérence. L'agence doit entrer en contact avec le mandant pour authentifier la procuration. Les procurations doivent être scrupuleusement vérifiées pour écarter les usurpations d'identité, et le pouvoir discrétionnaire des employés de cette administration devrait être réduit afin de limiter les opportunités de corruption et de détournements.

QUATRIIEME PARTIE. LA LEGISLATION FONCIERE DE LA CENTRAFRIQUE

Loi n°08. 022 du 17 octobre 2008 portant Code forestier

SECTION II : DES DROITS COUTUMIERS D'USAGE ET DES PEUPLES AUTOCHTONES

Art.14 : En vertu du droit coutumier, les populations riveraines disposent de droits d'usage sous réserve du respect des textes en vigueur, en vue d'exploiter à titre gratuit pour leur subsistance, les produits forestiers à l'exception des espèces dites protégées.

Art.15 : Les droits coutumiers d'usage comprennent :

- les droits portant sur le sol forestier ;
- les droits portant sur les produits de la forêt naturelle dénommée produits forestiers autres que le bois d'œuvre, en abrégé PFABO, dont certains peuvent présenter un intérêt commercial.

Les modalités d'exploitation des produits forestiers autres que le bois d'œuvre dans le contexte du droit coutumier sont fixées par voie réglementaire.

Art.16 : Pour cause d'utilité publique, le Ministre en charge des forêts peut suspendre ou supprimer en partie ou en totalité, l'exercice du droit d'usage à titre temporaire ou définitif. Cette suspension ou suppression est décidée après concertation avec les populations concernées.

Art.17 : Les droits d'usage ne s'exercent pas dans les réserves naturelles intégrales et les parcs nationaux. Si les populations autochtones sont déjà établies avant le classement d'une zone dans l'une des catégories des aires protégées mentionnées à l'article 9 du présent code, des dispositions sont prises pour préserver leurs droits de faire la cueillette, d'exercer la chasse de subsistance et la pêche traditionnelle, pourvu que ces activités ne portent pas atteinte à leur propre intégrité, aux intérêts des autres communautés et à l'environnement.

Art.18 : Les peuples autochtones ne peuvent pas être expulsés des territoires qu'ils occupent avant la création des aires protégées. Dans le cas où l'on considère que la réimplantation des peuples autochtones constitue une mesure exceptionnelle, elle ne peut avoir lieu sans leur libre consentement exprimé au préalable et en toute connaissance de cause.

SOUS-SECTION I : DES DROITS COUTUMIERS D'USAGE PORTANT SUR LE SOL FORESTIER

Art.19 : Les forêts énumérées à l'article 8 et définies à l'article 9 du présent code ont une vocation forestière. Les défrichements par abattage, mise à feu ou débroussaillement de la végétation ligneuse suivis ou non d'incinération ne peuvent pas être retenus aux prescriptions de l'article 15 du présent code.

Art.20 : Dans les forêts de production, les droits coutumiers d'usage portant sur le sol forestier peuvent être réglementés dans le cadre de la mise en œuvre des plans d'aménagement forestier.

SOUS-SECTION II : DES DROITS COUTUMIERS D'USAGE PORTANT SUR LES PRODUITS DE LA FORET NATURELLE

Art.21 : Dans les forêts de production, les droits d'usage portant sur les produits de la forêt naturelle peuvent être réglementés dans le cadre de la mise en œuvre des plans d'aménagement forestier.

Art.22 : Sous réserve des dispositions de l'article

21, les droits coutumiers d'usage portant sur les produits de la forêt naturelle sont limités :

- au ramassage des bois morts ;
- aux activités liées à l'exploitation des produits forestiers autres que le bois d'œuvre ;
- à l'exploitation des bois de service destinés à la construction des habitations ou à la fabrication d'objets et d'outils ;
- à l'exploitation de bois d'œuvre pour la construction des pirogues, y compris des autres embarcations ;
- à l'exploitation contrôlée de la faune pour l'autoconsommation, en dehors des parcs nationaux, des réserves intégrales et des sanctuaires

SECTION III : DE L'EXPLOITATION ARTISANALE DU DOMAINE FORESTIER PERMANENT

Art.23 : Au sens du présent code, l'exploitation artisanale désigne une activité engageant pour seul capital, la force de travail de l'artisan et de sa famille ou de la communauté de base renforcée, le cas échéant, d'un petit matériel portatif pour la production du charbon de bois, du bois de chauffe, des sciages, des objets d'art en bois et du bois de construction destinés à une commercialisation.

Conformément à l'article 12 du présent code, l'exploitation artisanale ne peut se faire que dans les forêts de production.

Art.24 : Dans les permis d'exploitation et d'aménagement (PEA), l'exploitation artisanale peut se faire de manière concertée dans les séries à l'usage des populations définies par les plans d'aménagement.

Art.25 : Le permis d'exploitation artisanale n'est accordé qu'aux personnes physiques de nationalité centrafricaine et aux communautés de base. Tout détenteur d'un permis d'exploitation artisanale doit posséder une carte d'exploitant délivrée annuellement par le Ministre en charge des forêts.

Art.26 : Le permis d'exploitation artisanale est délivré pour une durée de un (1) an renouvelable et porte sur une superficie limitée à dix (10) hectares. Toute exploitation artisanale est soumise à la délivrance d'un permis par Arrêté du Ministre en charge des forêts. Un cahier des charges fixe les modalités techniques d'exploitation. Le non-respect de cette obligation constitue une infraction passible des sanctions prévues à l'article 211 du présent code.

Art.24 : Dans les permis d'exploitation et d'aménagement (PEA), l'exploitation artisanale peut se faire de manière concertée dans les séries à l'usage des populations définies par les plans d'aménagement.

Art.25 : Le permis d'exploitation artisanale n'est accordé qu'aux personnes physiques de nationalité centrafricaine et aux communautés de base. Tout détenteur d'un permis d'exploitation artisanale doit posséder une carte d'exploitant délivrée annuellement par le Ministre en charge des forêts.

Art.26 : Le permis d'exploitation artisanale est délivré pour une durée de un (1) an renouvelable et porte sur une superficie limitée à dix (10) hectares. Toute exploitation artisanale est soumise à la délivrance d'un permis par Arrêté du Ministre en charge des forêts. Un cahier des charges fixe les modalités techniques d'exploitation. Le non-respect de cette obligation constitue une infraction passible des sanctions prévues à l'article 211 du présent code.

Art.27 : L'exploitation artisanale doit se faire dans le strict respect de l'équilibre écologique. Les aires ouvertes à l'exploitation artisanale doivent être fermées à l'issue de l'exploitation pour permettre leur régénération. L'octroi de permis dans le cadre de l'exploitation artisanale est strictement interdit dans les zones à écologie fragile.

Art.28 : la nomenclature et l'affectation des redevances et taxes s'appliquant dans le cadre des activités de l'exploitation artisanale et des produits forestiers autres que le bois d'œuvre sont définies par voie réglementaire.

SECTION IV : DE L'EXPLOITATION INDUSTRIELLE DU DOMAINE FORESTIER PERMANENT

SOUS-SECTION I : DES INVESTISSEMENTS ET MODALITES D'ATTRIBUTION DES PERMIS

Art.29 : L'exploitation industrielle désigne une activité nécessitant des investissements importants en capitaux, en équipements lourds et en main-d'œuvre. Les produits sont destinés à la commercialisation.

Art.30 : Toute société forestière établie ou désireuse de s'établir en République Centrafricaine est tenue de :

- se conformer aux dispositions de l'Acte Uniforme de l'OHADA relatives aux sociétés Commerciales et Groupements d'intérêt économique en abrégé GIE ;
- respecter les dispositions des textes communautaires sous régionaux relatifs aux importations/exportations et au contrôle des changes ;
- se conformer à la législation sociale en vigueur.

Les privés nationaux peuvent librement participer à la constitution des capitaux des sociétés forestières conformément aux dispositions des traités de l'OHADA.

Art.31 : Toute exploitation industrielle du domaine forestier de l'Etat est soumise à l'obtention d'un permis d'exploitation et d'aménagement, en abrégé PEA. Le permis d'exploitation et d'aménagement est une autorisation administrative délivrée par un Décret pris en conseil des Ministres sur rapport du Ministre en charge des forêts en vue d'une exploitation rationnelle d'un secteur forestier suivant une convention d'aménagement. Le permis d'exploitation et d'aménagement prévu à l'alinéa 1er est strictement attaché à la société attributaire. Il ne peut donner lieu à un transfert, une cession ou une sous-traitance.

Art.32 : Le permis d'exploitation et d'aménagement est octroyé pour une période égale à la durée de vie de la société. Toutefois l'inobservation des prescriptions du plan d'aménagement prévu à l'article 122, expose la société aux sanctions prévues à l'article 201. Cette attribution est renouvelable dans la mesure où la société attributaire respecte les prescriptions duplan d'aménagement et les dispositions réglementaires en vigueur.

Art.33 : Toute concession d'une partie du domaine forestier de l'Etat en vue d'une exploitation industrielle est subordonnée à une consultation préalable des populations riveraines, y compris les peuples autochtones. Les modalités de cette consultation sont fixées par voie réglementaire. A l'issue de la consultation prévue à l'alinéa 1er ci-dessus, le Ministre en charge des forêts publie un appel d'offres relatif au permis forestier concerné, intégrant les éléments d'opportunités et de contraintes issus de la consultation.

Art.34 : Avant de soumissionner aux appels d'offre prévus à l'article 33, les sociétés s'engagent par une déclaration écrite à s'installer légalement en République Centrafricaine, au cas ou elles sont retenues. La liste des soumissionnaires est publiée dans les organes de presse officiels et privés, nationaux ou internationaux.

Art.35 : Le non-respect de l'article 34, alinéa 1er ci-dessus entraîne la nullité de la candidature.

Art.36 : L'octroi d'un permis d'exploitation et d'aménagement est soumis à une enquête de moralité préalable dont les conclusions conditionnent les résultats du dépouillement des soumissions. Une commission interministérielle, placée sous la responsabilité du Ministre en charge des forêts est chargée de :

- examiner les modalités d'attribution des permis forestiers ;
- procéder aux dépouillements des offres, conformément aux critères des sélections prescrits par les dispositions légales ;
- donner des avis techniques au Chef du Département.

Art.37 : Prend part aux travaux de la commission, un observateur indépendant recruté à cette fin. Cet observateur est recruté de façon compétitive et transparente pour chaque session d'attribution des titres. Les critères de sélection de l'observateur indépendant sont définis par voie réglementaire. La procédure de recrutement de l'observateur indépendant se déroule en même temps que celle de l'appel d'offres relatif au permis d'exploitation et d'aménagement.

Art.38 : Les modalités de création et de fonctionnement de la commission interministérielle citée à l'article 36 ainsi que la composition et les critères de sélection des offres sont définis par voie réglementaire.

Art.39 : L'octroi de permis d'exploitation et d'aménagement est limité aux sociétés qui s'engagent à mettre en œuvre un plan d'aménagement tel que défini aux articles 101 à 122 du présent code et à transformer sur le territoire national, la part du volume abattu conformément aux dispositions de l'article 44 du présent code. La délocalisation d'une unité de transformation est autorisée par Arrête conjoint des Ministres en charge des forêts et de l'industrie après constats des services compétents.

Art.40 : L'octroi de tout permis d'exploitation et d'aménagement est strictement interdit dans les zones à écologie fragile. Un texte d'application précise les limites de ces zones.

Art.41 : Toute exploitation d'un permis d'exploitation et d'aménagement est subordonnée à un plan d'aménagement dont les modalités sont fixées par la convention définitive d'aménagement et d'exploitation entre la société et l'Etat.

Art.42 : Les sociétés forestières ne peuvent prétendre signer avec l'Etat d'autres conventions dont les dispositions sont contraires au présent code. Toutes les conventions de ce type déjà existantes doivent se conformer aux dispositions du présent code sous peine de nullité.

Art.47 : Toute société forestière titulaire d'un permis d'exploitation et d'aménagement est tenue d'établir et de communiquer au Ministère en charge des forêts, un programme quinquennal d'investissement et d'industrialisation.

Art.48 : Les clauses sociales, les règles et modalités de gestion des permis d'exploitation et d'aménagement sont fixées dans les conventions définitives d'aménagement.

Art.49 : Le titulaire d'un permis d'exploitation et d'aménagement peut y renoncer moyennant un préavis de deux ans. La renonciation est faite par lettre recommandée, accompagnée d'un plan de transition détaillant les mesures de conservation de la forêt, éventuellement de reboisement et d'un déménagement ordonné des chantiers. Le retour au domaine de l'Etat du permis d'exploitation et d'aménagement est prononcé par un Décret pris en conseil des Ministres sur rapport du Ministre en charge des forêts.

SOUS-SECTION III : DE L'EXPLOITATION DES PRODUITS FORESTIERS AUTRES QUE LE BOIS D'ŒUVRE

Toute personne détentrice d'un permis d'exploitation ou de collecte des produits forestiers autres que le bois d'œuvre doit posséder une carte d'exploitant ou de collecteur de PFABO/PFNL délivrée annuellement par le Ministère en charge des forêts. Les modalités de mise en application du présent article sont fixées par voie réglementaire.

Art.69 : L'exploitation ou la collecte des produits forestiers autres que le bois d'œuvre à but commercial ou industriel sont interdites dans les forêts définies à l'article 9 du présent code, à l'exception des forêts de production.

Art.70 : L'exploitation des produits forestiers autre que le bois d'œuvre dans un but commercial ou industriel doit se faire dans le respect de l'équilibre écologique. Elle doit exclure toute pratique susceptible de détruire les espèces exploitées pour la reproduction. Toute personne détentrice d'un permis d'exploitation ou de collecte des produits forestiers autres que le bois d'œuvre doit posséder une carte d'exploitant ou de collecteur de PFABO/PFNL délivrée annuellement par le Ministère en charge des forêts. Les modalités de mise en application du présent article sont fixées par voie réglementaire.

Art.69 : L'exploitation ou la collecte des produits forestiers autres que le bois d'œuvre à but commercial ou industriel sont interdites dans les forêts définies à l'article 9 du présent code, à l'exception des forêts de production.

Art.70 : L'exploitation des produits forestiers autre que le bois d'œuvre dans un but commercial ou industriel doit se faire dans le respect de l'équilibre écologique. Elle doit exclure toute pratique susceptible de détruire les espèces exploitées pour la reproduction. A ce titre, l'abattage, le déracinement et le prélèvement abusif de parties de plantes qui pourraient entraîner la mort des arbres géniteurs ou porteurs sont prohibés.

Art.71 : L'exploitation des produits forestiers autres que le bois d'œuvre est assujettie à l'obtention d'un permis d'exploitation délivré par le Ministre en charge des forêts dont les modalités sont définies par voie réglementaire.

Art.72 : La nomenclature, l'assiette et l'affection des redevances et taxes s'appliquant dans le cadre des activités d'exploitation, de collecte et d'exportation des produits forestiers autres que le bois d'œuvre sont définies par voie réglementaire.

Art.73 : Le Ministre en charge des forêts prend toutes les mesures nécessaires pour assurer le contrôle de la circulation des produits forestiers autres que le bois d'œuvre légalement prélevés de la forêt, aussi bien sur le territoire national que lors de leur exportation , conformément aux accords sous-région aux.

Art.74 : Les modalités de transport des produits forestiers autres que le bois d'œuvre relèvent de la législation en matière des transports en vigueur.

Art.75 : Les mesures incitatives en faveur de la transformation locale des produits forestiers autres que le bois d'œuvre relèvent de la charte nationale des investissements.

Art.76 : Les dispositions de la présente section ne s'appliquent pas aux exploitations et aux collectes portant en exclusivité sur les plantations établies et reconnues des palmiers, de poivriers, colatiers et autres espèces utiles.

SOUS-SECTION IV : DES ESPECES FORESTIERES PROTEGEES

Art.77 : Sont interdits dans les domaines forestiers de l'Etat et des collectivités, sauf autorisation spéciale, l'abattage, l'arrachage, l'empoisonnement, le cloutage et la mutilation des espèces forestières dites protégées. La liste des espèces forestières protégées est établie par voie réglementaire. Elle est révisée tous les cinq (5) ans.

Art.77 : Sont interdits dans les domaines forestiers de l'Etat et des collectivités, sauf autorisation spéciale, l'abattage, l'arrachage, l'empoisonnement, le cloutage et la mutilation des espèces forestières dites protégées. La liste des espèces forestières protégées est établie par voie réglementaire. Elle est révisée tous les cinq (5) ans.

SOUS-SECTION V : DES FEUX DE BROUSSE, INCENDIES DE FORETS ET PARCOURS DE TROUPEAUX

Art.78 : Les feux de brousse précoces ayant pour but le renouvellement des pâturages, la préparation des terrains de culture ou l'assainissement des lieux habités et des pistes, sont autorisés dans les zones délimitées et affectées aux dites activités citées pendant des périodes qui sont déterminées par décision préfectorale en collaboration avec les responsables locaux des ministères techniques concernés. La mise à feu ne peut se faire que le jour et par temps calme. Elle est faite avec l'autorisation et sous la surveillance d'une autorité locale. Les dispositions du présent article ne sont pas applicables aux aires protégées, aux forêts classées, sous peine de poursuites judiciaires.

Art.79 : Il est interdit d'abandonner un feu non éteint à proximité ou à l'intérieur d'un périmètre forestier.

Art.80 : L'allumage de feux précoces en bordure du domaine forestier et le long des voies de desserte peut être autorisé sous la supervision des autorités administratives locales forestières. Les modalités de lutte et de surveillance sont fixées par voie réglementaire.

Art.81 : Les autorités administratives locales et forestières locales sont tenues de prendre toutes les mesures nécessaires pour organiser :

- La lutte active contre les incendies de forêts déclarées ;
- La surveillance des endroits recensés comme faisant l'objet d'incendies ou de feux de brousse récurrents.

Art.82 : Le parcours des troupeaux est interdit en forêt classée et dans les aires protégées. Lors des transhumances et du convoyage du bétail de commerce dans les autres secteurs, le parcours est réglementé par Arrêté conjoint des Ministres en charge des forêts et de l'élevage.

SOUS-SECTION VI : DE LA PROTECTION DE LA NATURE ET DE LA BIODIVERSITE

Art.83 : En vue de la création ou du maintien d'un couvert forestier destiné à la protection ou à la conservation de la diversité biologique, des terrains sous ou hors forêts peuvent être en défens, déclarés zones à écologie fragile et classés comme périmètres de protection. Dans le cas des permis d'exploitation et d'aménagement, ce classement se fait dans le cadre du plan d'aménagement. Le périmètre de protection est alors assimilé à la série de protection.La mise en défens ou le classement des zones en forêts de protection soustrait les périmètres visés au défrichement.

Art.84 : Les routes forestières principales et secondaires doivent être construites et dotées d'ouvrages d'art conformément aux normes techniques forestières et environnementales en vigueur.

Art.85 : Nul ne peut être autorisé à déverser ou à utiliser des produits chimiques ou des déchets industriels dans les permis d'exploitation et d'aménagement, aux fins d'exploiter ou de nuire à la durabilité de la diversité biologique y compris pour la chasse ou pour la pêche.

Art.86 : Tout acte illicite de chasse ou d'exploitation minière et toute pollution, en particulier tous rejets de polluants pouvant affecter les nappes phréatiques ainsi que l'existence de certaines espèces inféodées aux habitants à l'intérieur et autour des permis d'exploitation et d'aménagement sont signalées par le titulaire dudit permis et/ou les collectivités locales à l'administration en charge des forêts. Tout manquement de la part du titulaire de permis à cette disposition est considéré comme un acte de complicité et puni comme tel.

Art.87 : Les dispositions mentionnées à l'article 83 du présent code doivent apparaître dans le plan d'aménagement, les plans de gestion et les plans annuels d'opération des permis d'exploitation et d'aménagement.

Art.88 : Nul ne peut produire, importer, exporter ou vendre à des fins d'ornement, des plants d'arbres et d'autres végétaux, des semences forestières, des produits ligneux s'il n'est pas établi qu'ils ne comportent aucun risque pour l'environnement et la santé humaine. Les usagers sont tenus de soumettre les produits visés ci-dessus au contrôle phytosanitaire conformément aux textes en vigueur.

Art.89 : L'exploitation visant un but scientifique, culturel ou commercial des ressources biologiques du patrimoine centrafricain est subordonnée à l'obtention d'une autorisation administrative délivrée par le Ministre en charge des forêts. Les avantages techniques, technologiques, économiques et financiers pouvant en être tirés entraînent le paiement de royalties au prorata de leur valeur. Un texte réglementaire conjoint des Ministres en charge des forêts et des finances fixes les modalités de paiement de ces royalties.

Art.90 : Sur toute l'étendue de leur concession, les exploitants forestiers prennent les dispositions nécessaires pour que toute implantation liée à leur installation ou toute exploitation des ressources naturelles soit conforme aux indications de l'aménagement et/ou à une autorisation expresse de l'administration. A ce titre, ils sont tenus de rendre compte par écrit à l'autorité compétente de toute activité irrégulière constatée à l'intérieur du périmètre dont ils ont la gestion.

Art.91 : Tout attributaire d'une concession minière ou d'un permis de chasse qui serait situé dans tout ou partie d'un permis d'exploitation et d'aménagement doit s'engager de manière formelle à prendre connaissance du plan d'aménagement du permis concerné et à en respecter les clauses, notamment en ce qui concerne les mesures sociales et environnementales.

Art.92 : Toute société forestière titulaire d'un permis d'exploitation et d'aménagement dont une partie serait amputée du fait de l'attribution de concessions minières sur ledit permis, peut demander une nouvelle délimitation de son permis afin d'en exclure les zones où elle subirait une perte totale de responsabilité. Une révision du plan d'aménagement pourra alors être décidée par le Ministère en charge des forêts. Le préjudice subi est réparé par la société minière responsable de l'amputation. Des indemnisations peuvent être demandées conformément aux dispositions de l'alinéa 2 du présent article.

SOUS-SECTION VII : DES MODALITES DE L'EXPLOITATION INDUSTRIELLE

Art.93 : Les bois en grume provenant des exploitations du domaine forestier de l'Etat ne peuvent circuler sans être revêtus de l'empreinte du marteau portant la marque triangulaire de l'exploitant qui doit être déposée au Greffe du Tribunal de grande instance ou du Tribunal du commerce et à l'administration forestière de la localité. Ces bois doivent être accompagnés d'une feuille de route.

Art.94 : Les exploitants forestiers sont autorisés à faire, pour les besoins stricts de leur exploitation, les abattages nécessaires à l'ouverture des pistes, des voies d'évacuation et à l'établissement des campements conformément aux plan de gestion et plan annuel d'opération validés par l'administration.

Art.95 : Les sociétés ne peuvent formuler aucune réclamation ni prétendre à aucune indemnité ou restitution en compensation quelconque du fait des travaux d'installation, d'occupation provisoire ou définitive de terrains ou de coupes d'arbres effectués par l'administration dans le périmètre des permis pour un motif d'intérêt général ou pour les besoins de ses services. Toutefois, des mesures compensatoires doivent être envisagées si le préjudice subi met en péril la viabilité économique du plan d'aménagement. Ces mesures obéissent à des modalités définies par voie réglementaire.

Art.96 : Les sociétés forestières doivent faciliter l'accès à toutes les zones du permis d'exploitation et d'aménagement aux agents de l'administration forestière en mission sur leur permis.

Art.97 : Tout exploitant a le droit d'accéder par des routes, pistes ou chemins de tirage déjà ouverts à une voie d'évacuation publique, rivière, fleuve, route, ou toute autre forme de voie. Dans le cas où il s'agit d'un nouveau tracé du réseau d'évacuation à ouvrir, l'occupant du fonds traversé ou le titulaire du permis d'exploitation et d'aménagement traversé qui estimerait subir un préjudice, peut demander qu'une enquête soit effectuée par l'administration forestière dont relève le permis. Le Responsable Régional des Eaux et Forêts joue le rôle d'arbitre.

Art.98 : Lorsque le différend persiste, il est réglé par une commission composée du Préfet ou son Représentant, du Responsable Régional des Eaux et Forêts et d'un Représentant de chacune des deux parties, désigné autant que possible parmi les représentants des organismes professionnels. Cette commission peut, soit confirmer le tracé, soit en proposer un autre.

Art.99 : La propriété d'immeubles et d'installation liée à l'exploitation est assujettie aux règles du droit commun[4].

---

[4] **Administration foncière**

L'administration foncière est la façon dont les règles correspondant au régime foncier sont appliquées et rendues opérationnelles. Qu'elle soit formelle ou informelle, l'administration foncière couvre une vaste gamme de systèmes et de procédures:

- Droits fonciers: la concession de droits sur des terres; la délimitation des limites des parcelles pour lesquelles ces droits sont concédés; le transfert des droits par la vente, l'octroi d'un bail ou d'un prêt, une donation ou un héritage; et le règlement des contestations et des différends concernant les droits ou la délimitation d'une parcelle.
- Réglementation de l'utilisation des sols: planification de l'utilisation des sols et application des directives; règlement des conflits correspondants.
- Évaluation et taxation foncières: collecte de revenus en vertu de différentes formes de taxation foncière, et règlement des différends correspondants.

La diffusion d'information sur les terres, les parties concernées et leurs droits est fondamentale pour une administration foncière efficace, étant donné que les droits fonciers n'ont pas d'existence matérielle concrète et doivent être représentés d'une façon ou d'une autre. Dans un contexte juridique formel, l'information sur les droits, qu'ils soient détenus par des particuliers, des familles, des collectivités, l'État ou encore des organisations commerciales ou autres, est souvent consignée au moyen d'un système d'enregistrement des terres et de cadastre. Lorsque les droits concernés sont coutumiers, l'information peut exister au sein de la mémoire collective d'un groupe déterminé sans être consignée par écrit et peut être avalisée par des témoins. À certains endroits, les détenteurs de droits informels peuvent détenir des «preuves informelles» de ces droits, c'est-à-dire des documents acceptés par leur entourage mais pas par l'administration publique formelle.

L'administration foncière ne peut être efficace que si elle inclut des dispositifs d'application et de protection des droits fonciers, étant donné que ces derniers n'ont de valeur que si on peut en faire respecter la jouissance. De tels dispositifs permettent de protéger les droits reconnus à une personne contre les actes de tiers. Cette protection peut être assumée par l'État ou par la collectivité par le biais d'un consensus social comme discuté plus loin dans la section «Sécurité des droits foncier». Un régime foncier est stable si les résultats des mesures de protection sont relativement faciles à prévoir. Dans un contexte juridique formel, le respect des droits peut être assuré par les autorités judiciaires, et le respect des droits coutumiers peut être assuré par les chefs coutumiers. Dans les deux cas, la reconnaissance des droits détenus par des tiers peut être encouragée par des mécanismes informels tels que la pression exercée par les pairs. Quiconque connaît ses droits et sait quoi faire s'ils ne sont pas respectés est mieux en mesure de les protéger qu'une personne moins bien informée.

L'administration foncière utilise diverses procédures pour gérer l'information sur les droits et leur protection, notamment:

- Les procédures relatives aux droits fonciers incluent la définition des modalités régissant leur transfert par la vente, l'octroi d'un bail ou d'un prêt, la donation et le legs.
- Les procédures relatives à la réglementation de l'utilisation des sols incluent la définition de la façon dont les mesures de contrôle pertinentes doivent être planifiées et dont leur respect doit être assuré.
- Les procédures relatives à l'évaluation et à l'imposition foncières incluent la définition des méthodes utilisées pour réaliser l'évaluation et fixer le montant des impôts fonciers.

Si les procédures sont efficaces, les transactions peuvent se réaliser rapidement, à peu de frais et de façon transparente. Toutefois, dans de nombreuses parties du monde, les procédures administratives formelles sont lentes, coûteuses et nécessitent des démarches bureaucratiques complexes; de plus, elles manquent souvent de transparence, sont inaccessibles à une grande partie de la population rurale et sont traitées dans un langage et selon des modalités difficiles à comprendre. Dans un tel cas, le coût élevé des transactions peut avoir pour conséquence que les transferts et autres transactions sont effectués de façon clandestine ou informelle.

Enfin, les procédures administratives foncières doivent être exécutées par des acteurs. Dans les régimes coutumiers, un rôle prépondérant revient aux chefs coutumiers, par exemple pour ce qui est d'attribuer les droits et de régler les différends. Dans un système plus officiel, les institutions de l'administration foncière peuvent inclure les registres fonciers, le bornage, la planification urbaine et rurale, l'évaluation et l'imposition foncière, ainsi que les instances judiciaires. Lorsque les droits coutumiers sont reconnus par l'État, des liens fonctionnels s'établissent entre les pouvoirs publics et les instances régissant l'administration foncière coutumière.

On considère souvent que la formalisation de l'administration des droits fonciers est une condition préalable du développement économique, car elle est censée notamment accroître la sécurité des droits fonciers et améliorer l'accès au crédit, ce qui encourage les agriculteurs à investir pour améliorer leurs terres et leur donne les moyens de le faire. On dit aussi que l'administration formelle peut faciliter le fonctionnement d'un marché foncier, permettant aux terres d'être utilisées de la façon la plus appropriée et la plus productive.

Certains contestent toutefois de telles affirmations et disent que, trop souvent, les projets de formalisation des droits fonciers sont conçus et mis en œuvre de façon inappropriée, ce qui se traduit par une réduction de la sécurité des droits fonciers du fait que les droits relatifs à une parcelle sont concentrés entre les mains d'une seule personne au mépris des revendications avancées par des tiers, en particulier des femmes et d'autres groupes vulnérables qui détiennent des droits partiels ou collectifs. Certains sont également d'avis que la formalisation ne permet pas d'améliorer l'accès au crédit étant donné que de nombreuses banques acceptent difficilement un terrain agricole comme garantie en vue de l'octroi d'un prêt.

De ce fait, il ne faudrait, selon certains, envisager l'enregistrement formel des droits fonciers individuels que dans les zones à forte densité de population où les systèmes coutumiers de droits fonciers et de règlement des différends sont faibles ou inexistants ou si le système de droits coutumiers a été gravement perturbé. Néanmoins, même lorsque ces conditions ne sont pas réunies, on s'intéresse de plus en plus dans certains pays à la formalisation des droits des populations locales pour les protéger contre les ingérences de la part de tiers (p. ex. des exploitations agricoles commerciales ou de l'État). Dans de tels cas, on établit la délimitation des terres communautaires, et le titre de propriété correspondant est enregistré au nom du groupe concerné. C'est à ce dernier qu'il incombe alors d'administrer lui-même son régime foncier, y compris en ce qui concerne l'attribution des droits fonciers sur son territoire.

Dans de nombreux pays, des administrations foncières formelle et informelle coexistent lorsque les droits enregistrés légalement ne se substituent pas aux droits coutumiers ou lorsque de nouveaux droits informels sont créés. Il peut exister des tensions entre les droits fonciers de jure et de facto. Les divergences entre les régimes fonciers de type formel, informel ou coutumier donnent lieu à des ambiguïtés que certains pourraient exploiter. Dans certains pays où les systèmes formels d'administration foncière ne fonctionnent pas très bien, il arrive que l'État octroie différents titres pour une même parcelle, ce qui complique le statut juridique de celle-ci en donnant lieu à des revendications concurrentes. Le simple fait d'établir et d'enregistrer les délimitations et le titre d'un terrain ne suffit pas, cela doit être fait de façon à ne pas empirer la situation. La population locale a un rôle crucial à jouer dans l'examen d'un tel cas, vu sa connaissance des modalités locales du régime foncier.

CINQUIEME PARTIE. LA LEGISLATION FONCIERE DU CONGO BRAZZAVILLE

Loi n°17-2000 du 30 décembre 2000 portant loi de finances pour l'exercice 2001. Modifiée par les lois de finances pour 2012 et 2015

Titre 5 - Taxes de publicité foncière

Chapitre 1 - Assiette et liquidation

Art.91.- Les droits de publicité foncière sont assis et liquidés sur les bases suivantes :

- en matière d'immatriculation, sur la valeur vénale de l'immeuble à la date de la réquisition d'immatriculation ;
- en matière d'inscription d'un acte constitutif, translatif ou instinctif de droit, sur les sommes énoncées aux actes lorsqu'il s'agit de droits constitués, transmis ou éteints moyennant une remise corrélative de somme d'argent ou, dans le cas contraire sur une inscription prise pour la garantie de remboursement ou de paiement d'une somme empruntée ou due, sur le montant de l'inscription ;
- pour la radiation du droit d'usage à temps, sur le montant du loyer ou de redevance, augmenté des charges et afférent au temps du droit d'usage restant à courir ;
- pour le renouvellement d'une inscription, sur le montant de l'hypothèque.

Chapitre 2 - Taux

Art.92.- Les formalités accomplies par la Conservation des Hypothèques et de la Propriété Foncière donnent lieu à la perception de droits et frais fixes ou proportionnels.

Art.93.- *(L.F.2012, 2015)* Les droits fixes forfaitaires stipulés à l'article 263 bis livre 1 du CGI, tome 1, appli- cables du 1er janvier 2015 au 31 décembre 2016, sont répartis ainsi qu'il suit :

- droits d'enregistrement : 50 % du droit fixe forfaitaire de la zone ;
- centimes additionnels aux droits d'enregistrement : 2,5 % du droit fixe forfaitaire de la zone ;
- frais de la publicité foncière : 25 % du droit fixe forfaitaire de la zone ;
- frais des travaux cadastraux et topographiques : 22,5 % du droit fixe forfaitaire de la zone.

Art.93 bis.- *(L.F.2012)* Taxes des travaux cadastraux et topographiques

Nature des travaux	Taxes		
	Centre	Zone	Zone
Délimitation	300	200	100
Bornage	300	200	100
Morcellement	500	500	300
Remembrement	500	500	300

Au-delà d'un hectare, les droits de délimitation et de bornage sont fixés à 20.000 FCFA/ha.

Art.94.- *Abrogé (L.F.2015)*

Art.95.- *(L.F.2012)* Les droits et frais proportionnels visés aux articles 93, 93 bis et 94 ci-dessus font l'objet d'un minimum de perception défini ainsi qu'il suit :

Nature de la	Centre	Zone	Zone
Droit d'enregistrement	10.000	7.500	5.000
Centimes additionnels	500	500	500
Immatriculation	20.000	10.000	5.000
Frais de conservation	10.000	5.000	2.000
Délimitation	10.000	10.000	5.000
Bornage	15.000	15.000	7.500
Morcellement	15.000	15.000	7.500
Remembrement	15.000	15.000	7.500

Chapitre 3 - Recouvrement

Art.96.- Les droits et frais de publicité foncière sont payés par le requérant lors du dépôt des pièces nécessaires à l'accomplissement de la formalité requise.

Cependant, si le paiement des droits exigibles pour l'accomplissement d'une formalité requise par l'état n'incombe pas légalement à cette collectivité publique, il est sursis à la perception de ces droits dont le recou- vrement est ultérieurement poursuivi contre la personne qui doit en supporter la charge.

Art.97.- Par dérogation aux dispositions du premier alinéa de l'article précédent en cas d'inscription de l'hypothèque conservatoire, la liquidation et le paiement des droits proportionnels sont reportés à la date du dé- pôt de la décision statuant sur le fonds et fixant le montant définitif de l'inscription. Cependant, le Conservateur fait mention de cette hypothèque au livre foncier sans paiement de frais à la date de signification de cette inscription par le tribunal.

Le droit d'inscription liquidé sur le montant de l'ordonnance accordant l'hypothèque conservatoire est perçu au même moment que le droit de radiation liquidé sur le même montant :

- si la décision précitée statuant sur le fond donne main levée de l'hypothèque conservatoire ;

- si l'ordonnance accordant ladite hypothèque est rétractée.

Titre 6 - Dispositions diverses

Chapitre 1 - Responsabilité des tiers

Art.98.- Les falsifications, contrefaçon ou altération des titres de propriété, des copies délivrées par le Conservateur des Hypothèques et de la Propriété Foncière, l'usage de documents falsifiés, contrefaits ou altérés, sont punis conformément aux articles 147 et 148 du Code pénal.

Art.99.- Est passible des peines prévues au Code pénal en cas de faux, sans préjudice des dommages et intérêts :

- quiconque fait inscrire un droit réel sur un titre ou copie de titre dont il n'a ni la propriété, ni la jouissance et quiconque accepte sciemment et en toute connaissance de cause un certificat d'inscription ainsi établi ;
- quiconque cède un titre de jouissance publié dont il n'est pas le titulaire et quiconque accepte sciemment cette cession ;
- quiconque frappé ou non d'incapacité, contracte avec une tierce personne à l'aide d'un titre appartenant à autrui.

Art.100.- Les officiers ministériels ayant participé à la rédaction d'actes entachés de vices peuvent, dans les conditions prévues par les textes en vigueur être poursuivis comme complices.

Art.101.- L'enlèvement et le déplacement des bornes fixant les limites des terres appartenant à autrui, autres que ceux effectués par les services techniques compétents, sont passibles des peines prévues par le Code pénal, sans préjudice des dommages et intérêts.

Chapitre 2 - Consultation des registres fonciers

Art.102.- Toute personne habilitée peut obtenir les renseignements consignés aux livres fonciers ou figurant aux plans des immeubles immatriculés ou renfermés dans les dossiers correspondant aux titres fonciers et dans les archives.

Art.103.- Les intéressés présentent à cet effet, au Conservateur des Hypothèques et de la Propriété Foncière, une réquisition tendant à la délivrance suivant le cas : d'un certificat constatant la concordance du titre foncier et de la copie dudit titre ;de la copie d'un titre foncier et des mentions qui y sont consignées ou des seules mentions généralement désignées dans la réquisition des intéressés ;d'un certificat de non-inscription ;de la copie authentique faisant foi en justice de tous les actes ou autres documents déposés au dossier d'un immeuble immatriculé ;de la copie des plans des immeubles immatriculés déposés dans les dossiers techniques.

Art.104.- Tout litige se rapportant à des propriétés immatriculées relève de la compétence des tribunaux hors les restrictions visées dans la présente loi.

CHAPITRE 3. SANCTIONS

Art.105.- Toute personne qui, de bonne foi ou en cas de négligence, n'a pas régularisé sa situation est punie d'une pénalité de retard égale à 25% des droits et frais présumés.

Art.106.- Toute personne qui, au mépris des dispositions de la présente loi n'a pas de mauvaise foi, régularise sa situation est punie d'une amende de 50 000 FCFA l'an sans préjudice du paiement du principal et se la pénalité de retard[5].

---

[5] **Accès à la terre**

L'accès des ruraux pauvres à la terre est souvent fondé sur la coutume. Dans les sociétés autochtones, par exemple, les droits fonciers coutumiers sont souvent déterminés selon les traditions et en fonction de la façon dont les chefs locaux attribuent les droits d'utilisation des terres aux membres du groupe. Ces droits d'accès peuvent faire suite à l'utilisation d'une terre pendant une longue période. Ils découlent souvent d'une occupation ancestrale et de l'utilisation ancienne d'une terre. Dans ces cas, la revendication des droits est fondée sur le fait que les ancêtres ont défriché le terrain et s'y sont installés.

Toute une gamme de stratégies peut être utilisée pour obtenir l'accès à des terres, notamment:

- L'acquisition, souvent réalisée par des travailleurs migrants utilisant un capital constitué grâce à un emploi dans une zone urbaine.
- La possession de fait ou prescription acquisitive (l'acquisition des droits en vertu de l'occupation pendant une période déterminée). Dans certains pays, c'est parfois la seule méthode permettant à un petit cultivateur d'obtenir officiellement un droit d'accès à des terres vacantes ou abandonnées et de les mettre en valeur.
- Le fermage, c'est-à-dire l'obtention de l'accès à un terrain en versant un loyer à son propriétaire.
- Le métayage, c'est-à-dire l'obtention de l'accès à un terrain en remettant en contrepartie au propriétaire un pourcentage de la production.
- Un legs, c'est-à-dire l'obtention de l'accès à un terrain par voie d'héritage.
- L'occupation illégale d'un terrain par des squatters.

Outre de telles stratégies individuelles, l'accès à la terre peut résulter de mesures de réforme foncière prises par un gouvernement national, souvent dans le cadre d'une politique visant à corriger systématiquement des injustices historiques et à répartir la terre plus équitablement. De telles réformes se produisent habituellement lorsqu'un nombre relativement faible de propriétaires possède une grande partie des terres et que celles-ci sont laissées en jachère ou sous-utilisées (encore convient-il de noter que la détermination d'une éventuelle sous-utilisation dépend des critères choisis pour l'évaluation). Dans certains pays, un mode important de réforme foncière est la restitution des terres. Parmi les autres interventions de ce type, on peut citer les programmes de redistribution des terres qui ont pour objet d'offrir un accès à la terre aux ruraux pauvres et de promouvoir l'efficacité et l'investissement dans l'agriculture. Ces programmes vont souvent, mais pas toujours, de pair avec l'offre de services agricoles subventionnés comme la vulgarisation et le crédit. L'État offre parfois l'accès à des terres publiques laissées à l'abandon ou sous-utilisées, mais les terres utilisées pour la réinstallation se trouvent le plus souvent dans des domaines fonciers privés.

Dans le cas des réformes foncières redistributives imposées par l'État, celui-ci confisque des terres aux grands propriétaires fonciers et les transfère à des cultivateurs sans terre ou qui ne possèdent que de faibles superficies, et les anciens propriétaires ne sont pas toujours indemnisés. Dans certains cas, les réformes sont pratiquées au bénéfice des fermiers qui travaillaient la terre sur place. Ces réformes changent la structure de la propriété foncière en transformant les fermiers en propriétaires sans modifier la possession opérationnelle. Dans d'autres cas, les réformes prévoient la réinstallation des bénéficiaires sur les terres expropriées et la création de nouvelles exploitations agricoles.

SIXIEME PARTIE. LA LEGISLATION FONCIERE DU CONGO KINSHASA

LOI N° 73-021 DU 20 JUILLET 1973 PORTANT REGIME GENERAL DES BIENS, REGIME FONCIER ET IMMOBILIER ET REGIME DES SURETES, TELLE QUE MODIFIEE ET COMPLETEE PAR LA LOI N°80-008 DU 18 JUILLET 1980

EXPOSE DES MOTIFS

La présente loi répond au souci du Premier Congrès Ordinaire du Mouvement Populaire de la Révolution de voir le Conseil Législatif National « terminer rapidement l'élaboration de la loi fixant les modalités du régime foncier et minier ». Elle a été élaborée conformément aux articles 14, 14 bis et 46 de la Constitution et aux directives et options fixées par le Bureau Politique du Parti.

La matière des biens et le régime général des privilèges et des hypothèques n'entraient pas dans le cadre de la mission qu'avait été impartie au Conseil Législatif National, lors du Premier Congrès Ordinaire du Parti. Néanmoins, l'impact des options arrêtées par le Bureau Politique sur ces matières est tel qu'il a paru opportun de mettre d'ores et déjà les dispositions du livre II du Code civil en harmonie avec les options définies par les instances supérieures du parti.Le régime général des biens n'a pas subi des retouches profondes quant à ses principes essentiels.

La nomenclature des droits réels qui figure à l'alinéa 2 de l'article 1er du décret du

31 juillet 1912 a été enrichie par l'inclusion d'un droit réel nouveau et original dénommé

« concession perpétuelle » et dont le régime est fixé par le titre 1er de la deuxième partie

---

Certaines réformes agraires récentes ont été conçues de façon à permettre aux bénéficiaires de négocier avec les propriétaires terriens pour acheter des terres en utilisant des fonds fournis par l'État sous forme de dons ou de prêts. Les bénéficiaires doivent habituellement former un groupe qui identifie des terres appropriées, en négocie l'acquisition avec le vendeur, formule un projet pouvant bénéficier de dons ou de crédits de l'État et détermine comment les terres seront réparties entre les membres du groupe et quelles seront leurs obligations financières correspondantes.

Il est communément admis qu'une réforme foncière contribue fortement au développement rural lorsque la concentration foncière est élevée, mais le choix des mécanismes utilisés pour transférer des terres des grands propriétaires aux cultivateurs sans-terre ou qui ne possèdent que de faibles superficies suscite de vives controverses. C'est là toutefois un débat qui dépasse largement le sujet du présent ouvrage.

(du régime foncier) de la présente loi.

Le droit de propriété dans son acception générale a été maintenu.

Il y a néanmoins lieu de considérer que son champ d'application a été réduit. En effet, en matière foncière, appropriation privative du sol a été abolie, car le sol est devenu, suite à l'option du Bureau Politique, propriété inaliénable de l'Etat. En conséquence, le droit de propriété, tel qu'il est défini dans les dispositions légales qui suivent ne peut plus porter que sur les immeubles par nature.

Les autres droits réels ne peuvent plus s'analyser comme des démembrements de la propriété mais comme des droits ayants leur existence propre sans référence au droit de propriété dont ils étaient de simples accessoires.

Cette option a exigé la suppression de l'article 16 du décret de 1912 qui posait en présomption légale le rapport de principal à accessoire entre le sol et les biens incorporés. Cette présomption, qui n'était plus que relative après le décret du 28 mars 1949 qui admettait « la propriété des immeubles » envisagée séparément du sol, doit disparaître dans les nouveaux textes.

Néanmoins, le principe d'une accession relative reste maintenu dans l'article 21, étant entendu que le terme « immobilière » ne concerne que les immeubles par destination ou par incorporation à l'exclusion des immeubles par nature.

Telles sont les modifications qu'impliquent les options en la matière. Elles postulent essentiellement, au-delà des dispositions techniques qui ont été largement puisées dans les textes existants, une nouvelle manière d'interpréter les dispositions actuelles.

Les modifications les plus importantes introduites par les textes qui sont soumis concernent le droit foncier.

Le régime légal des cessions et concessions des terres domaniales actuellement en vigueur est à peu de choses près, celui que nous a légué le législateur colonial. Aussi convient-il, avant d'exposer les grandes lignes du régime foncier et immobilier destiné à le remplacer, de retracer brièvement les principes essentiels de la législation actuelle.

Le régime juridique de l'octroi des cessions et concessions sur les terres domaniales ayant été établi par l'article 15 de la loi du 18 octobre 1908 (charte coloniale), modifié par la loi du 05 mars 1912 et remplacé par l'arrêté - loi du 19 mai 1942 (B.O.

1942 p. 278).

Il y était fait une nette distinction entre la « cession » qui désigne un acte impliquant le transfert de la propriété et la « concession » qui désigne un acte impliquant seulement le transfert du droit de jouissance. Selon que l'on se trouvait en présence de l'un ou l'autre mode d'attribution de droits, les règles applicables variaient tant en ce qui concerne les règles de compétence qu'en ce qui concerne les règles de fond.

Le Roi, par arrêté, pouvait céder ou concéder, à titre gratuit et à des conditions dérogeant au droit commun, des terres pour une superficie n'excédant pas 10 hectares.

Il devait, en outre, approuver les cessions ou concessions à titre gratuit, octroyées par les gouverneurs pour une superficie n'excédant pas 10 hectares dans les circonscriptions urbaines et 200 hectares pour les terres rurales.

Les Gouverneurs de « Province » et les représentants des comités (C.N.Ki, C.S.K.) avaient la compétence ordinaire en matière de cession ou concession à titre onéreux. Leur compétence était limitée à 10 hectares de terres urbaines et 500 hectares de terres rurales.

Ils étaient, par ailleurs, autorisés à déléguer aux conservateurs des titres fonciers, le pouvoir de vendre ou louer des terres dont la superficie n'excédant pas 2 hectares.

Dans le régime général des cessions ou concessions, pour favoriser la colonisation (décret du 13 janvier 1947), la compétence était dévolue au gouverneur général pour autant que la superficie à concéder ou à céder n'excédait pas 5 hectares si la destination était résidentielle et 100 hectares pour une destination agricole ou d'élevage.

Ce régime était limité aux terres rurales et l'acte de cession ou de concession ne pouvait intervenir qu'après une occupation provisoire et une mise en valeur au moins partielle.

Le régime du décret après avis du Conseil Colonial constituait un quatrième degré de compétence. Etaient soumises à ce régime :

a.toutes les conventions impliquant cession à titre gratuit ou onéreux de plus de 10 hectares de terres urbaines ;

b.les cessions ou concessions gratuites dont la superficie dépassait 10 hectares ou octroyées à des conditions dérogatives au droit commun des cessions ou concessions gratuites ;

c.les cessions à titre onéreux des terres rurales de plus de 10 hectares mais inférieures de plus de 10 hectares mais inférieures à 500 hectares octroyées à des conditions exceptionnelles ;

d.toutes les conventions intéressant des superficies supérieures à 500 hectares;

e.et enfin les conventions accordant des concessions du domaine public en vue d'usages exclusifs.

Le cinquième niveau de compétence en la matière était constitué par l'obligation d'un décret subordonné au dépôt préalable du projet de convention sur les bureaux des chambres législatives pour octroyer des cessions de plus de 10.000 hectares ou des concessions de superficies excédant 25.000 hectares et consenties pour une durée supérieures à 30 ans.

Enfin, le sixième niveau de compétence, la loi seule pouvait octroyer des cessions impliquant une aliénation de souveraineté (rectifications de frontières) ou autoriser les dispositions spéciales des cessions d'exploitation de services publics (transports) qui impliquaient une charge financière pour l'Etat (garantie d'intérêt des capitaux engagés ou garanties de remboursement du capital).

Tous ces régimes étaient soumis au principe de la totalisation qui signifie qu'il faut tenir compte non seulement de la superficie des terres domaniales à céder ou à concéder dans l'acte à intervenir mais qu'il faut ajouter dans chaque cas aux superficies envisagées, les terres domaniales qui avaient été cédées ou concédées antérieurement à la personne intéressée.

Quant aux règles de fond, elles avaient essentiellement comme but d'obliger le pouvoir concédant à subordonner la validité des actes de cession ou de concession à la présence dans ces actes de certaines clauses d'intérêt public, notamment les clauses de rachat et la nomenclature des cas de déchéance.

Parmi les types de concessions en vigueur dans le régime colonial, il convient de relever pour son intérêt actuel, la concession à bail emphytéotique. Cette concession impliquant nécessairement la mise en valeur par l'emphytéote, était la concession type de la colonisation et la sollicitude du pouvoir colonial s'est manifestée à son égard en portant à son profit deux dérogations au droit commun en matière de concessions.

La première dérogation était la possibilité d'obtenir un bail emphytéotique pour une durée de trente ans sur des terres destinées à un usage agricole ou à l'élevage, sans passer par le Contrat d'occupation provisoire de cinq ans, la seconde étant la faculté d'acquérir les terres faisant l'objet du contrat après mise en valeur.

De ces dérogations, la première est la plus intéressante, car elle permettrait à l'emphytéote d'obtenir immédiatement un droit réel susceptible d'hypothèque ; ce qui facilitait, par voie de conséquence, le début de la mise en valeur, règle que nous retrouvons dans les dispositions de régime foncier et immobilier.

Ce régime juridique que nous venons d'esquisser ne s'appliquait pas aux terres dites « indigènes ». Car, parallèlement au régime foncier applicable aux terres domaniales et intéressant les non-indigènes, toute une législation s'était développée, destinée à faire respecter les droits d'occupation des « indigènes » et à organiser un régime de propriété pour ces derniers. Etant donné la caducité de ces textes, il est peu intéressant de s'y arrêter. Les premières tentatives de modifier les règles ci-dessus rappelées, datent de

1966 avec l'ensemble des dispositions communément connues sous la dénomination de « Loi Bakajika ». L'objectif avoué de ces textes était de redonner à l'Etat la plénitude de ses droits sur les terres domaniales en annulant notamment le pouvoir de céder ou de concéder les terres domaniales qui avait été attribué à certains Comité comme la C.N.Ki. et C.S.K.

Dans la même optique de lutte contre les pouvoirs concédant concurrents et les compagnies qui avaient bénéficié de grandes concessions ou cessions et qui abusaient de leurs droits en gelant les terres au mépris de l'intérêt général, sont intervenues la loi constitutionnelle n° 71/008 du 31 décembre 1971 et la loi n° 71/009 du 31 décembre 1971.

Néanmoins, le bouleversement opéré dans ce domaine par la consécration constitutionnelle du principe « de la propriété de l'Etat sur le sol » ne fut pas pleinement opérationnel malgré les nombreuses modifications intervenues dans les mesures d'exécution.

C'est pourquoi, en exécution du souhait pré rappelé du 1er Congrès Ordinaire du

Mouvement Populaire de la Révolution, à savoir :

« Le Premier Congrès Ordinaire, souhaite que le Conseil Législatif National termine rapidement l'élaboration de la loi fixant les modalités de ce régime foncier et minier »., et compte tenu des options faites par le Bureau Politique au cours de sa réunion du 2 mai 1973, la présente loi a été élaborée en s'ordonnant autour d'une option fondamentale qui est « La propriété exclusive et inaliénable » de l'Etat sur le sol et son corollaire logique qui est que « Toutes les terres ne sont susceptibles, au profit des particuliers que de concessions ».

Le régime foncier et immobilier, constitue une rupture définitive et radicale avec le régime légal des terres de l'époque coloniale. Rupture, mais pas refus de s'inspirer de certaines solutions spécifiques pratiquées par le régime colonial, notamment en matière d'emphytéose. Rupture aussi, mais en respectant, dans une mesure compatible avec l'intérêt général, les droits acquis. Les idées-forces qui constituent la trame du présent régime foncier et immobilier peuvent être schématisées ainsi :

- uniformisation du droit foncier en domanialisant toutes les terres et en ce compris les terres naguère dites « terres indigènes » ;
- reconnaissance aux particuliers des droits de jouissance uniquement, mais des droits essentiellement dynamiques et fonctionnels, en subordonnant leur validité à la mise en valeur, d'une part, et, d'autre part, en les assortissant de garanties telles qu'elles permettent un accès facile au crédit ;
- introduction dans les nouveaux textes de la possibilité pour l'Etat de déléguer le pouvoir de gérer les terres domaniales, à des

organismes publics ou privés qui seront créés par une loi particulière et cela en vue d'accélérer l'aménagement du territoire ;

- clarifier enfin les textes en prévoyant des dispositions séparées pour les droits fonciers et les droits immobiliers et en rassemblant dans un seul texte toutes les dispositions éparses dans l'ancienne législation.

Dans la deuxième partie de la loi, il est fait une distinction entre les droits « immobiliers » fonciers régis par le régime foncier et les autres droits immobiliers qui sont ceux qui portent sur des immeubles autres que les immeubles par nature.

Les règles posées dans le régime immobilier sont sommaires et concernent uniquement les droits immobiliers de l'Etat. Ce fait s'explique par le souci d'assurer à la gestion de ces droits la souplesse nécessaire qu'exige la mutation rapide de la valeur de ces droits essentiellement économiques. Aussi, a-t-on prévu qu'une ordonnance du Président de la République pourra régler les modalités de cette gestion conformément à l'article 46 de la Constitution qui dispose que la loi fixera uniquement les principes fondamentaux « de l'aliénation du domaine privé et de la gestion du domaine de l'Etat ».

Quant aux droits immobiliers des particuliers, ils sont régis par les règles posées dans le régime général des biens et par les règles sur la transmission de la propriété et les modalités par lesquelles les biens peuvent être grevés de privilèges ou d'hypothèques.

Dans leur ensemble, ces règles n'ont subi que des modifications de détail qui n'altèrent pas leur essence. Il est néanmoins important d'interpréter ces règles chaque fois qu'elles se rapportent à un bien immobilier par nature dans la nouvelle optique de la propriété exclusive et de l'inaliénabilité des immeubles par nature dans le chef de l'Etat.

En matière de transmission de la propriété immobilière, les principes généraux consacrés sont les suivants :

- les principales règles de l'Act Torrens qui avaient été consacrées par le décret du 6 février 1920 ont été reprises. Elles ne diffèrent des principes de l'ancien décret que sur le fait qu'au lieu de la propriété privée du sol, il faut parler du « droit de jouissance ». Pour le reste l'organisation technique reste la même ;
- par ailleurs, étant donné la disparition de la catégorie des « terres indigènes », la réserve faite par l'article 37 du décret susdit est devenue caduque ;
- le maintien de l'ancien système qui organise l'inattaquabilité « du Certificat d'enregistrement » a été dicté par la préoccupation qui avait nécessité son instauration : ne pas

entraver la circulation des biens immobiliers pour ne pas ébranler le crédit par l'insécurité qu'aurait présenté le danger d'éviction intempestive ;

- en ce qui concerne l'établissement du titre de propriété « Certificat d'enregistrement », compte tenu de la séparation nécessaire entre le droit de jouissance et la propriété privée des immeubles, la loi a posé l'obligation pour le conservateur de mentionner séparément les données relatives au droit de jouissance concédé par l'Etat et les immeubles qui sont une propriété séparée. S'agissant des charges grevant les biens et qui doivent figurer au Certificat, il sera fait également mention séparément de la nature des droits ou des biens qui sont grevées ;
- quant au surplus, les règles sont les mêmes que celles de l'ancien régime, lesquelles règles répondent aux mêmes motivations.

Les préoccupations de ne changer les règles existantes que dans la mesure où la modification était postulée par les options faites en matière foncière et immobilière par les instances supérieures du Parti se retrouvent dans le régime des privilèges et des hypothèques.

Comme par le passé, les règles actuelles sont dominées par les principes fondamentaux ci-après :

- spécialité de l'hypothèque quant au bien grevé et quant à la créance garantie ; publicité des hypothèques et ordre de préférence déterminée par la date des inscriptions ;
- les exceptions à ces principes ont été maintenues.

Il s'agit :

- du remboursement des frais de justice ;
- de l'hypothèque du sauveteur ;
- de l'hypothèque du trésor public.

Enfin, il fallait aussi se prononcer clairement sur le sort des hypothèques ayant grevé les anciens titres des propriétés foncières, ainsi que celui des biens ayant fait retour ou devant faire retour à l'Etat pour cause d'abandon ou de non mise en valeur.

La question est de savoir, en effet, si la reprise par l'Etat d'un bien grevé d'hypothèque doit se faire quitte et libre de toutes charges, ou au contraire, le créancier hypothécaire conserve son droit de suite dans quelques mains que se trouve la chose grevée d'hypothèque.

Les articles 396 et 397 de la présente loi ont tranché cette difficulté d'une façon logique et pratique.

TITRE II : DES CERTIFICATS D'ENREGISTREMENT

Article 222 : Pour l'application du régime foncier, le territoire national est divisé en circonscriptions foncières dont le Président de la République détermine le nombre et les limites. Les immeubles sont enregistrés au bureau de la circonscription dans laquelle ils sont situés.

Article 223 : Chaque circonscription est administrée par un fonctionnaire appelé conservateur des titres immobiliers. Plusieurs circonscriptions peuvent être réunies en tout ou en partie, sous l'autorité d'un même conservateur. L'Etat est responsable des erreurs du conservateur. Cette responsabilité ne peut excéder la valeur de la concession et des constructions et plantations à l'époque où l'erreur a été commise, cette valeur augmentée d'un cinquième.

Article 224 : Il y a pour chaque circonscription :

1° Un registre dit livre d'enregistrement, pour l'inscription des certificats d'enregistrement au fur et à mesure qu'ils sont dressés par le conservateur. Chaque folio du registre porte un numéro d'ordre. Chaque certificat est inscrit sur un folio distinct ;

2° Un registre à souches, dit registre de certificats, pour la délivrance des certificats d'enregistrement.

Chaque folio du registre porte le même numéro d'ordre que le folio correspondant du livre d'enregistrement ;

3° Un registre - répertoire alphabétique des personnes auxquelles des certificats d'enregistrement sont délivrés.

Article 225 : Le certificat d'enregistrement est dressé en double ; il est daté, scellé et signé du conservateur. L'un des exemplaires est dressé dans le livre d'enregistrement, l'autre est délivré au titulaire du droit enregistré. Le certificat d'enregistrement contient :

1° L'indication précise du ou des titulaires des droits ;

2° La situation, la description, la superficie et le croquis de l'immeuble ;

3° Les locations de plus de neuf ans et les charges réelles autres que les servitudes légales, dont l'immeuble est frappé selon les règles de publicité prescrites par la loi.

L'exemplaire délivré au nouveau propriétaire contient en outre, le numéro du folio du livre d'enregistrement sur lequel le certificat est inscrit.

Article 226 : Toute annotation postérieure de location ou de charge réelle, faite au certificat inscrit au livre et au certificat délivré au propriétaire, doit être spécialement datée, scellée et signée par le conservateur.

Article 227 : *(modifié et complété par l'article 1er de la loi n° 80-008 du 18 juillet 1980 modifiant et complétant la loi n° 73-021 du 20 juillet 1973 portant régime général des biens, régime foncier et immobilier et régime des sûretés)*

Le certificat d'enregistrement fait pleine foi de la concession, des charges réelles et, éventuellement, des droits de propriété qui y sont constatés.

Ces droits sont inattaquables et les actions dirigées contre eux ne peuvent être qu'en dommages - intérêts.

Toutefois, les causes de résolution ou de nullité du contrat ou de l'acte, l'erreur de l'ordonnance d'investiture donnent dans les deux années depuis la mutation, ouverture à une action en rétrocession, avec dommages - intérêts s'il y a lieu.

Article 228 : Le livre d'enregistrement et le répertoire alphabétique sont publics. Moyennant le paiement de la taxe fixée par les règlements, toute personne peut les consulter sous la surveillance du conservateur.

Article 229 : Outre les registres déterminés par l'article 224, le conservateur tient un registre - journal de tous les certificats, annotations et actes quelconques de son ministère et de tous les actes, requêtes et documents qui lui sont remis.

Article 230 : Le conservateur fait parvenir mensuellement au conservateur en chef une copie certifiée conforme de tous les certificats qu'il a inscrits à son livre d'enregistrement, ainsi que des annulations et des annotations qu'il y a faites. Cette copie, en cas de perte ou de destruction du livre d'enregistrement, fait la même foi que l'original.

TITRE III : DES CONDITIONS ET DES FORMES DE MUTATIONS

Chapitre Ier :

DES CONDITIONS PREALABLES AUX MUTATIONS

Article 231 : Les mutations en vertu de contrats d'aliénation ne peuvent être opérées que si ceux- ci sont passés en forme authentique. Le contrat d'aliénation peut être passé devant le conservateur, qui en dresse l'acte avant l'enregistrement. Le conservateur n'instrumente qu'après s'être fait assuré de l'identité et de la capacité des contractants. Lorsque le contrat d'aliénation a été passé devant un autre officier public sur le territoire national ou à l'étranger, l'acte de ce contrat est remis au conservateur, en minute ou en copie certifiée conforme. Le conservateur s'assure de la validité de l'acte. S'il y échet, il en exige la légalisation. Les mutations en vertu de jugements ne peuvent être opérées que s'ils sont passés en force de chose jugée.

Article 232 : *(Abrogé par l'article 2 de la loi n°80-008 du 18 juillet 1980 modifiant et complétant la loi n° 73-021 du 20 juillet 1973 portant régime général des biens, régime foncier et immobilier et régime des sûretés)*

Article 233 : Sous réserve du régime des terres prévu par l'article 210 de la présente loi, les mutations par décès ne peuvent être opérées qu'en vertu d'une ordonnance du juge du Tribunal de grande instance de la situation de l'immeuble. La requête de l'héritier ou légataire doit être publiée dans un ou plusieurs journaux de l'Etat à désigner par le juge. L'ordonnance d'investiture n'est rendue qu'après examen de tous actes ou documents propres à justifier le droit de l'impétrant, et telles mesures d'instruction qu'il appartient à la vigilance du magistrat de prescrire. Le Procureur de la République doit donner son avis par écrit. L'ordonnance d'investiture doit être rendue dans les quatre mois à compter du jour où ont paru les journaux dans lesquels la requête a été publiée.

Article 234: Les conditions préalables aux mutations en cas de saisie immobilière de faillite, d'expropriation pour cause d'utilité publique, sont fixées par les dispositions propres à ces matières.

Chapitre 2 :

DES FORMES DE MUTATIONS

Article 235 : Sauf les cas où la mutation est ordonnée par justice et ceux prévus par des lois particulières, nulle mutation ne peut être opérée qu'après remise au conservateur du certificat à remplacer. Dans tous les cas de mutation, l'ancien certificat inscrit au livre d'enregistrement est frappé d'un timbre d'annulation et d'une annotation indiquant, dans la forme établie par l'article 226, les motifs de l'annulation ainsi que la date et le numéro du nouveau certificat.

Article 236 : Le conservateur opère la mutation en dressant à son livre et en délivrant au nouveau concessionnaire ou au nouveau propriétaire un certificat d'enregistrement conforme aux prescriptions de l'article 225. Le cas échéant, à la mention des locations et des charges qui frappent la concession ou l'immeuble selon l'ancien certificat de l'aliénateur, il ajoute celle de nouvelles charges réelles stipulées dans l'acte d'aliénation.

Article 237 : Quand c'est en vertu d'un échange, partage ou autre contrat emportant des prestations immobilières réciproques que le conservateur opère des mutations, il dresse à son livre et délivre aux parties autant de nouveaux certificats qu'il y a de nouveaux concessionnaires ou de nouveaux propriétaires. En cas de mutation partielle, le conservateur remplace le certificat de l'aliénateur par autant de nouveaux certificats qu'il y a des droits en présence. Si la concession ou l'immeuble est enregistré au nom de plusieurs nouveaux concessionnaires ou de plusieurs nouveaux propriétaires indivisément, le conservateur ne dresse et ne délivre qu'un seul certificat. Les indivisaires doivent s'entendre sur celui d'entre eux à qui le certificat collectif est délivré, à la charge d'en aider ses consorts à toutes réquisitions. S'il y a difficulté sur le choix, il est réglé par le conservateur. Toutefois, lorsque des biens indivis sont affectés, à titre d'accessoires et pour l'usage commun, soit à des concessions distinctes soit à des parties d'immeubles, appartenant à des propriétaires différents, les certificats relatifs à ces concessions ou parties d'immeubles font tous mention de ces biens indivis. Les certificats mentionnent, en outre, l'emplacement des murs séparatifs et des clôtures sur chaque fonds en spécifiant s'ils s'y trouvent à titre de concession ou de co- propriété ou de charge. Le cas échéant, le conservateur des titres immobiliers procédera à l'inscription des mentions prévues à l'alinéa précédent au vu d'un procès-verbal dressé par un géomètre du cadastre ou un géomètre agréé, signé pour accord par les parties intéressées.

Article 238 : Le conservateur retient et inscrit à son livre-journal tous les actes et pièces qui lui ont été remis aux fins de la mutation qu'il a opérée.

TITRE IV. DU REMPLACEMENT DES CERTIFICATS RECONNUS INEXACTS OU INCOMPLETS ET DES CERTIFICATS DETRUITS OU PERDUS

Article 242 : Lorsque l'indication de la superficie ou le croquis d'un immeuble enregistré sont reconnus inexacts ou incomplets par un procès-verbal des agents du cadastre et que la rectification n'est pas de nature à porter atteinte aux droits enregistrés des voisins, le concessionnaire ou le propriétaire peut réclamer qu'un nouveau certificat soit dressé en remplacement de l'ancien. L'ancien certificat est annulé au livre d'enregistrement dans la forme indiquée à l'article 235. Le nouveau certificat n'est différent de l'ancien que quant aux inexactitudes ou omissions relevées par les agents du cadastre. Il est dressé au livre d'enregistrement et délivré au concessionnaire ou au propriétaire avec renvoi au folio du certificat antérieur et mention de la cause pour laquelle il est délivré. Le conservateur retient l'ancien certificat et le procès-verbal des agents du cadastre, et les inscrit à son livre-journal.

Article 243 : En cas de perte ou de destruction de son certificat d'enregistrement, le concessionnaire ou le propriétaire peut en réclamer un nouveau à la charge de rendre vraisemblable la perte ou la destruction qu'il allègue. Sa requête doit être faite par écrit et contenir l'engagement qu'il sera responsable des conséquences dommageables que la délivrance du nouveau certificat pourra avoir vis-à- vis des tiers. Le conservateur apprécie les faits exposés. Si l'identité de l'impétrant avec la personne désignée comme concessionnaire ou propriétaire au livre d'enregistrement ne lui paraît pas certaine, il exige une attestation d'identité, émanée d'un magistrat ou fonctionnaire de l'Etat à ce commis. Le nouveau certificat est exactement conforme à l'ancien, tel qu'il figure au livre d'enregistrement. Il est dressé au livre et délivré au concessionnaire ou au propriétaire, avec renvoi au folio du certificat antérieur et mention de la cause pour laquelle il est délivré, ainsi que l'engagement pris par le concessionnaire ou le propriétaire. L'ancien certificat est annulé au livre d'enregistrement dans la forme indiquée à l'article 235[6].

---

[6] **Sécurité des droits fonciers**

La sécurité des droits fonciers est la certitude que les droits d'une personne seront reconnus par les tiers et protégés en cas de contestation spécifique. Si cette sécurité n'est pas garantie, les droits correspondants risquent d'être menacés par des revendications concurrentes et même d'être perdus par suite d'une expulsion. Sans sécurité des droits fonciers, la capacité des ménages à produire de quoi s'alimenter et à bénéficier de moyens de subsistance durables est fortement compromise.

La sécurité des droits fonciers n'est pas directement mesurable et, à bien des égards, tout dépend de la façon dont elle est perçue. Ses caractéristiques peuvent changer selon le contexte. Par exemple, si une personne a le droit d'utiliser une parcelle pendant les six mois de la période de végétation et ne risque pas d'être expulsée pendant ce temps-là, elle bénéficie de la sécurité des droits fonciers. Par extension, la sécurité des droits fonciers peut dépendre de la durée de ceux-ci, compte tenu du temps nécessaire pour recouvrer les coûts d'investissement. Ainsi, quelqu'un qui a des droits d'utilisation pour une période de six mois ne plantera pas d'arbres, n'investira pas dans des travaux d'irrigation ou ne prendra aucune mesure préventive contre l'érosion du sol, puisque ce laps de temps est trop court pour assurer la rentabilité de tels investissements; on peut alors parler de sécurité des droits fonciers pour les investissements à court terme, alors que ces mêmes droits sont précaires relativement aux investissements à long terme.

Certains sont d'avis que, vu l'importance de sa durée, une véritable sécurité des droits fonciers n'est possible que quand un bien est détenu en pleine propriété et que la validité des droits n'est pas limitée dans le temps (régime du type «freehold»). Seuls les droits d'un propriétaire offriraient véritablement la sécurité, tandis que les détenteurs de droits plus limités, tel que les fermiers, n'auraient qu'une sécurité des droits fonciers limitée, celle-ci étant dépendante des décisions du propriétaire. Il en découlerait donc que la sécurité des droits fonciers n'est assurée qu'à quiconque détient les droits de transfert tels que le droit de vendre et d'hypothéquer. S'il en est bien ainsi dans certaines parties du monde, cela n'est pas vrai partout. Là où existe un régime foncier communautaire bien établi, la sécurité des droits fonciers est possible, même pour qui ne dispose pas du droit de vendre un terrain ou n'a à cet égard que des droits strictement limités (p. ex. lorsque ces droits ne peuvent être transférés par héritage ou qu'un terrain ne peut être vendu qu'à d'autres membres du groupe).

Les sources de la sécurité des droits fonciers peuvent également varier en fonction des aspects suivants:

- Une source importante de sécurité foncière est constituée par la collectivité et les associations regroupant ses membres, comme les utilisateurs d'eau, ou les organisations locales d'agriculteurs. La sécurité des droits fonciers est accrue quand les voisins reconnaissent les droits et veillent à leur respect. Dans de nombreux systèmes fonciers coutumiers, les membres d'un groupe social possèdent des droits fonciers en vertu de leur appartenance à celui-ci. L'exercice des droits fonciers valide l'appartenance au groupe dans la même mesure que cette appartenance facilite l'acquisition et la protection de ces droits.

- Les pouvoirs publics représentent une autre source de sécurité dans la mesure où ils peuvent assurer la reconnaissance politique de certains droits. Par exemple, un gouvernement peut accepter un empiétement illégal et l'installation d'un groupe sur des terres forestières publiques et s'engager à ne pas l'expulser. Toutefois, dans un tel cas, le gouvernement reconnaît généralement le droit du groupe à occuper la terre, mais ne va pas jusqu'à reconnaître ce même droit aux membres du groupe à titre individuel.
- Une autre source peut être l'administration publique et le système juridique formel. L'État peut en général fournir une sécurité foncière en affirmant la validité des droits détenus par des particuliers ainsi qu'en prenant des mesures spécifiques comme assurer une protection contre l'accès non autorisé. Les systèmes d'enregistrement foncier et de cadastre sont souvent considérés comme protégeant la sécurité de jouissance, les différends étant alors soumis aux tribunaux.
- Dans certains pays, la sécurité peut être également fournie par des structures coercitives tel que les «seigneurs de la guerre» qui assument localement le pouvoir lorsque des troubles civils empêchent l'État d'exercer son autorité. Bien entendu, une telle situation n'est pas souhaitable, car elle risque à son tour d'empêcher la mise en place de solides collectivités et des systèmes juridiques nécessaires pour une bonne gestion des affaires publiques.

La sécurité totale des droits fonciers dont bénéficie un individu est la somme de tous les éléments de sécurité fournis par l'ensemble des sources. Le renforcement de la sécurité foncière par une ou plusieurs sources complémentaires accroîtra la sécurité totale. Dans de nombreux projets de développement, on considère l'existence d'une sécurité légale ou son amélioration comme la meilleure façon d'accroître la sécurité des droits fonciers. Le régime foncier peut être modifié de diverses façons: par exemple en accordant une reconnaissance légale aux droits informels, en reconnaissant une valeur légale aux permis émis par l'État et en les transformant en baux assurant une protection plus grande aux utilisateurs de terre; en prenant des dispositions permettant aux membres d'un groupe de devenir les propriétaires légaux de leurs biens fonciers traditionnels dont les droits étaient auparavant détenus par l'État; et en améliorant les systèmes formels d'administration foncière pour mieux définir les droits de propriété.

La sécurité des droits fonciers peut être menacée de diverses façons. Paradoxalement, les efforts entrepris pour accroître la sécurité des droits fonciers de certaines personnes peuvent se traduire par la perte des droits détenus par d'autres. Par exemple, les projets d'établissement de titres et d'enregistrements fonciers, s'ils sont mal conçus, peuvent réduire la sécurité des droits fonciers de nombreux résidents ruraux si certains droits, souvent détenus par des femmes ou des pauvres, ne sont pas reconnus et se retrouvent inclus dans des «droits de propriété» définis de façon trop simpliste. Les droits concernant d'importantes utilisations du sol, par exemple celui de collecter les produits forestiers d'importance secondaire ou d'obtenir de l'eau, peuvent n'être pas reconnus par le système légal et être donc éliminés. Bien entendu, d'autres types de projets de développement peuvent également entraîner la perte des droits fonciers.

Les droits peuvent également être réduits ou éliminés si l'État se met à faire respecter des règles existantes interdisant l'accès à certaines ressources. Par exemple, une application plus stricte de la politique gouvernementale relative à la protection des forêts peut avoir pour conséquence que des villageois soient expulsés de terres qu'ils utilisaient pour la culture et l'élevage.

La sécurité de jouissance peut également devenir précaire suite à des changements sociaux. C'est ainsi que le VIH/sida peut réduire la sécurité foncière des femmes dans certaines parties de l'Afrique. Elles peuvent perdre juridiquement l'accès à des terres si elles ne sont pas en mesure d'hériter des droits détenus par leur mari et, dans la pratique, si elles sont forcées à abandonner leur exploitation par des hommes de la famille.

Ceux qui détiennent des droits peuvent les perdre si d'autres refusent de respecter les règles du régime foncier. Si, au sein d'un groupe, les rapports de force sont déséquilibrés, certains membres peuvent, par exemple, exploiter cette situation en clôturant une partie des terres communautaires à leur usage exclusif, refusant ainsi l'accès des pâturages collectifs à d'autres membres du groupe.

La situation de ceux qui ne possèdent aucune terre n'est, bien entendu, pas nécessairement due à la précarité des droits fonciers. Certains peuvent se retrouver contraints de vendre leurs terres pour survivre à une crise comme une famine, une maladie ou un autre événement tragique. Une vente peut également être due à d'autres raisons, par exemple la nécessité de s'acquitter d'obligations sociales telles que la constitution d'une dot pour les filles devant se marier.

SEPTIEME PARTIE. LA LEGISLATION FONCIERE DE LA COTE-D'IVOIRE

Loi n°98-750 du 23 décembre 1998 relative au domaine foncier rural Modifiée par la loi n°2004-412 du 14 août 2004

Chapitre 1 - Définition et composition du domaine foncier rural Section 1 - Définition

Art.1.- Le Domaine Foncier Rural est constitué par l'ensemble des terres mises en valeur ou non et quelle que soit la nature de la mise en valeur. Il constitue un patrimoine national auquel toute personne physique ou morale peut accéder. Toutefois, seuls l'Etat, les collectivités publiques et les personnes physiques ivoiriennes sont admis à en être propriétaires.

Section 2 – Composition

Art.2.- Le Domaine Foncier Rural est à la fois : hors du domaine public, hors des périmètres urbains, hors des zones d'aménagement différé officiellement constituées, hors du domaine forestier classé. Le Domaine Foncier Rural est composé : à titre permanent des terres propriété de l'Etat, des terres propriété des collectivités publiques et des particuliers, des terres sans maître. à titre transitoire : des terres du domaine coutumier,

- des terres du domaine concédé par l'Etat à des collectivités publiques et des particuliers.

Art.3.- Le Domaine Foncier Rural coutumier est constitué par l'ensemble des terres sur les- quelles s'exercent : des droits coutumiers conformes aux traditions, des droits coutumiers cédés à des tiers.

Chapitre 2 - Propriété, concession et transmission du domaine foncier rural

Section 1 - La propriété du domaine foncier rural

Art.4.- La propriété d'une terre du Domaine Foncier Rural est établie à partir de l'immatriculation de cette terre au registre foncier ouvert à cet effet par l'Administration et en ce qui concerne les terres du domaine coutumier par le Certificat Foncier.

Le détenteur du Certificat Foncier doit requérir l'immatriculation de la terre correspondante dans un délai de trois ans à compter de la date d'acquisition du Certificat Foncier.

Art.5.- La propriété d'une terre du Domaine Foncier Rural se transmet par achat, succession, donation entre vifs ou testamentaire ou par l'effet d'une obligation.

Art.6.- Les terres qui n'ont pas de maître appartiennent à l'Etat et sont gérées suivant les dispositions de l'article 21 ci-après. Ces terres sont immatriculées, aux frais du locataire ou de l'acheteur. Outre les terres objet d'une succession ouverte depuis plus de trois ans non réclamées, sont considérées comme sans maître :

- Les terres du domaine coutumier sur lesquelles des droits coutumiers exercés de façon paisible et continue n'ont pas été constatés dix ans après la publication de la présente loi,
- Les terres concédées sur lesquelles les droits du concessionnaire n'ont pu être consolidés trois ans après le délai imparti pour réaliser la mise en valeur imposée par l'acte de concession.

Le défaut de maître est constaté par un acte administratif.

Art.7.- Les droits coutumiers sont constatés au terme d'une enquête officielle réalisée par les Autorités administratives ou leurs délégués et les conseils des villages concernés soit en exécution d'un programme d'intervention, soit à la demande des personnes intéressées. Un décret pris en Conseil des Ministres détermine les modalités de l'enquête.

Art.8.- Le constat d'existence continue et paisible de droits coutumiers donne lieu à délivrance par l'Autorité administrative d'un Certificat Foncier collectif ou individuel permettant d'ouvrir la procédure d'immatriculation aux clauses et conditions fixées par décret.

Art.9.- Les Certificats Fonciers collectifs sont établis au nom d'entités publiques ou privées dotées de la personnalité morale ou de groupements informels d'ayants droit dûment identi- fiés.

Art.10.- Les groupements prévus ci-dessus sont représentés par un gestionnaire désigné par les membres et dont l'identité est mentionnée par le Certificat Foncier. Ils constituent des entités exerçant des droits collectifs sur des terres communautaires. L'obtention d'un Certificat Foncier confère au groupement la capacité juridique d'ester en justice et d'entreprendre tous les actes de gestion foncière dès lors que le Certificat est publié au Journal officiel de la République.

Section 2 - La concession du domaine foncier rural

Art.11.- Le Domaine Foncier Rural concédé est constitué des terres concédées par l'Etat à titre provisoire antérieurement à la date de publication de la présente loi.

Art.12.- Tout concessionnaire d'une terre non immatriculée doit en requérir l'immatriculation à ses frais. La requête d'immatriculation est publiée au Journal officiel de la République. Elle est affichée à la Préfecture, à la Sous-Préfecture, au village, à la communauté rurale, à la Région, à la Commune et à la Chambre d'Agriculture, concerné où les contestations sont reçues pendant un délai de trois mois. A défaut de contestation et après finalisation des opérations cadastrales, il est procédé à l'immatriculation de la terre qui se trouve ainsi purgée de tout droit d'usage. En cas de contestation, celles-ci sont instruites par l'Autorité compétente suivant les procédures définies par décret pris en Conseil des Ministres.

Art.13.- Sauf à l'Autorité administrative en charge de la gestion du Domaine Foncier Rural d'en décider autrement, l'immatriculation prévue à l'article 12 ci-dessus est faite au nom de l'Etat. Les terres ainsi nouvellement immatriculées au nom de l'Etat sont louées ou vendues à l'ancien concessionnaire ainsi qu'il est dit à l'article 21 ci-après.

Art.14.- Tout concessionnaire d'une terre immatriculée doit solliciter, de l'Administration, l'application à son profit de l'article 21 ci-après.

Section 3 - La cession et la transmission du domaine foncier rural

Art.15.- Tout contrat de location d'une terre immatriculée au nom de l'Etat se transfère par l'Administration sur demande expresse du cédant et sans que ce transfert puisse constituer une violation des droits des tiers. Les concessions provisoires ne peuvent être transférées. La cession directe du contrat par le locataire et la sous-location sont interdites.

Art.16.- Les propriétaires de terrains ruraux en disposent librement dans les limites de l'article 1 ci-dessus.

Art.17.- Le Certificat Foncier peut être cédé, en tout ou en partie, par acte authentifié par l'Autorité administrative, à un tiers ou, lorsqu'il est collectif, à un membre de la collectivité ou du groupement dans les limites de l'article 1 ci-dessus.

Chapitre 3 - Mise en valeur et gestion du domaine foncier rural

Section 1 - Mise en valeur du domaine foncier rural

Art.18.- La mise en valeur d'une terre du Domaine Foncier Rural résulte de la réalisation soit d'une opération de développement agricole soit de toute autre opération réalisée en préservant l'environnement et conformément à la législation et à la réglementation en vigueur.

Les opérations de développement agricole concernent notamment et sans que cette liste soit limitative : les cultures, l'élevage des animaux domestiques ou sauvages, le maintien, l'enrichissement ou la constitution de forêts,l'aquaculture, les infrastructures et aménagements à vocation agricole, les jardins botaniques et zoologiques,

- les établissements de stockage, de transformation et de commercialisation des produits agricoles.

Art.19.- L'Autorité administrative, pour faciliter la réalisation des programmes de développement ou d'intérêt général peut, nonobstant le droit de propriété des collectivités et des per- sonnes physiques, interdire certaines activités constituant des nuisances audits programmes ou à l'environnement.

Art.20.- Les propriétaires de terres du Domaine Foncier Rural autres que l'Etat ont obligation de les mettre en valeur conformément à l'article 18 ci-dessus. Ils peuvent y être contraints par l'Autorité dans les conditions déterminées par décret pris en Conseil des Ministres.

Section 2 - Gestion du domaine foncier rural de l'Etat

Art.21.- Aux conditions générales de la présente loi et des autres textes en vigueur et à celles qui seront fixées par décret, l'Administration gère librement les terres du Domaine Foncier Rural immatriculées au nom de l'Etat.

Art.22.- Les actes de gestion prévus à l'article 21 ci-dessus sont des contrats conclus directe- ment entre l'Administration et les personnes concernées. Les contrats de location sont à durée déterminée et comportent obligatoirement des clauses de mise en valeur. En cas de non-respect de ces dernières, le contrat est purement et simplement résilié ou ramené à la superficie effectivement mise en valeur. Le non-respect de toute autre clause du contrat peut également être sanctionné par la résiliation. Dans ce cas, les impenses faites par le locataire sont cédées par l'Etat à un nouveau locataire sélectionné par vente des impenses aux enchères. Le produit de la vente est remis au locataire défaillant après déduction des frais éventuels et apurement de son compte vis-à-vis de l'Etat.

Chapitre 4 - Dispositions financières et fiscales

Art.23.- La location des terres du Domaine Foncier Rural de l'Etat est consentie moyennant paiement d'un loyer dont les bases d'estimation sont fixées par la loi de Finances.

Art.24.- Les collectivités et les particuliers propriétaires de terres rurales sont passibles de l'impôt foncier rural tel que fixé par la loi.

Art.25.- En cas de non-paiement du loyer ou de l'impôt prévus aux articles 23 et 24 ci-dessus et outre les poursuites judiciaires prévues par les textes en vigueur, les impenses réalisées par le locataire constituent le gage de l'Etat dont les créances sont privilégiées même en cas d'hypothèque prise par des tiers.

Chapitre 5 - Dispositions transitoires

Art.26.- *(Loi n°2004-412)* Les droits de propriété de terres du Domaine Foncier Rural acquis antérieurement à la présente loi par des personnes physiques ou morales ne remplissant pas les conditions d'accès à la propriété fixées par l'article 1 ci-dessus sont maintenus. Les propriétaires concernés par la présente dérogation figurent sur une liste établie par décret pris en Conseil des Ministres. Les droits de propriété acquis par des personnes physiques antérieurement à la présente loi sont transmissibles à leurs héritiers. Les personnes morales peuvent céder librement les droits de propriété acquis antérieurement à la présente loi. Toutefois, si le cessionnaire ne remplit pas les conditions d'accès à la propriété fixées par l'article 1 ci-dessus, elles déclarent à l'autorité administrative le retour de ces terres au domaine de l'État, sous réserve de promesse de bail emphytéotique au cessionnaire.

Les détenteurs de certificats fonciers ruraux sur les périmètres mitoyens, individuellement et/ou collectivement, doivent être requis d'exercer avant toute transaction sur les terres appartenant aux personnes désignées par la présente loi, un droit de préemption sur les parcelles dont la cession est projetée. Ce droit de préemption, s'exerce dans un délai de six mois à compter de l'avis de vente ou de la manifestation de la décision de vendre.

Chapitre 6 - Dispositions finales

Art.27.- La loi n°71-338 du 12 juillet 1971 relative à l'exploitation rationnelle des terrains ruraux détenus en pleine propriété et toutes dispositions contraires à la présente loi sont abrogées.

Art.28.- Des décrets fixent les modalités d'application de la présente loi.

Art.29.- La présente loi sera publiée au Journal Officiel de la République de Côte d'Ivoire et exécutée comme loi de l'Etat[7].

---

[7] **Législation foncière**

1. **Les orientations générales**

- les terrains urbains ou ruraux du Domaine Foncier National sont attribués à ceux qui en ont un réel besoin social, sans distinction de sexe ou de statut matrimonial, dans l'ordre des priorités fixées par les textes.
- l'Etat est propriétaire du domaine foncier.
- certaines terres du domaine foncier national peuvent être cédées à titre de propriété privée à des particuliers. Ces terres cessent alors d'être propriété de l'Etat.
- les hommes et les femmes ont les mêmes droits de propriété sur la terre: «les terres urbaines ou rurales du domaine foncier national sont attribuées aux personnes physiques, sans distinction de sexe ou de statut matrimonial et aux personnes morales dans les conditions fixées par les textes en vigueur
- au niveau des villages, la l'attribution, l'évaluation et le retrait des terres relèvent de la compétence de commissions villageoises de gestion des terroirs organisées en sous commissions spécialisées dont les membres sont élus et/désignés «suivant les réalités historiques, sociales et culturelles
- Dans les villages, l'attribution, l'évaluation et le retrait terres relèvent de la compétence des commissions villageoises de gestion des terroirs.
- dans le respect des principes et dispositions de la loi portant réorganisation agraire et foncière, l'Etat peut transférer aux collectivités locales la gestion et l'utilisation du domaine foncier national et de son domaine privé situés dans leurs ressorts territoriaux.
- les collectivités locales concourent avec l'Etat à l'administration et à l'aménagement du territoire , à la mise en valeur des ressources naturelles et à l'amélioration du cadre de

vieles départements ministériels, les élus locaux, les acteurs de la société civile, les autorités coutumières et religieuses sont concernés par le foncier rural.

- Les innovations introduites entraînent la création d'un secrétariat technique, la déconcentration du comité pour mieux accompagner le processus de communalisation intégrale en cours.

2. Les attributions des attributions des conseils de régions ou de départements :

- fixer les principes de sécurisation foncière de l'ensemble des acteurs du foncier rural
- Apporter une solution aux vides juridiques laissés par la Loi de 1996 portant Réorganisation Agraire et Foncière
- Reconnaître aux acteurs ruraux la légitimité de leur droit sur le foncier
- la loi vise à assurer un accès équitable aux terres rurales pour l'ensemble des acteurs ruraux, personnes physiques et morales de droit public et de droit privé ainsi qu'à promouvoir les investissements, accroître la productivité dans le secteur agro-sylvo-pastoral et favoriser la réduction de la pauvreté en milieu rural
- l'Etat en tant que garant de l'intérêt général organise la reconnaissance juridique effective des droits fonciers locaux légitimes des populations rurales et assure la garantie des droits de propriété et de jouissance régulièrement établis sur les terres rurales
- L'élaboration et l'actualisation de la politique nationale de sécurisation foncière en milieu rural se font de manière participative et reposent sur la recherche du consensus le plus large possible entre toutes les catégories d'acteurs ruraux concernés, notamment ceux représentant l'Etat, les collectivités territoriales, les autorités coutumières et traditionnelles, le secteur privé et la société civile.
- L'application de cette loi au niveau local s'effectue par le biais de chartes foncières locales qui déterminent les règles particulières relatives aux types d'actions positives à initier au niveau local en faveur des groupes vulnérables, notamment les femmes, les pasteurs et les jeunes
- Les conseils municipaux, les conseils villageois de développement et les chambres régionales d'agriculture assurent la diffusion et la vulgarisation des chartes foncières locales ainsi que l'information et la sensibilisation des populations locales. Elles œuvrent dans ce sens, en collaboration avec les services techniques de l'Etat, les autorités coutumières et traditionnelles et la société civile.
- L'Etat et les collectivités territoriales peuvent organiser des programmes spéciaux d'attribution à titre individuel ou collectif de terres rurales aménagées de leurs domaines fonciers ruraux respectifs au profit des groupes de producteurs ruraux défavorisés tels que les petits producteurs agricoles, les femmes, les jeunes et les éleveurs
- Les instances locales de concertation foncière doivent comprendre des représentants des conseils villageois de développement, des services techniques déconcentrés de l'Etat, de la société civile, des organisations féminines ainsi que des représentants des autorités coutumières et traditionnelles.
- Définition de la commission foncière villageoise qui est une sous commission spécialisée du conseil villageois de développement

3. La commission foncière villageoise est spécifiquement chargée de :

- l'information et la sensibilisation de la population en matière de sécurisation foncière en milieu rural
- l'identification, la participation à la sécurisation et l'appui à la gestion participative et durable des ressources locales d'utilisation commune
- la documentation et du suivi des transactions foncières rurales
- la participation à l'élaboration progressive du cadastre rural
- la contribution à la prévention des conflits fonciers

HUITIEME PARTIE. LA LEGISLATION FONCIERE DU GABON

Loi n°3/2012 du 13 août 2012 portant ratification de l'ordonnance n°5/2012 du 13 février 2012 fixant le régime de la propriété foncière en République gabonaise

Titre 1er : Des dispositions générales

Article 2 : La présente ordonnance s'applique aux immeubles bâtis et non bâtis soumis au régime de l'immatriculation foncière.

Article 3 (nouveau) : Au sens de la présente ordonnance, on entend par :

- immeuble : fonds de terre et ce qui y est incorporé ainsi que les droits réels immobiliers,

- immatriculation : action et procédure par lesquelles un immeuble est inscrit sur le registre foncier en vue de la création d'un titre conférant à son titulaire des droits réels,

- conservation de la propriété foncière et des hypothèques : administration dans laquelle sont déposés les actes portant sur les droits réels immobiliers ainsi que certains actes générateurs de droits personnels dont un immeuble est indirectement l'objet en vue d'en assurer la publicité,

- titre foncier ou titre de propriété : document authentique établi par le conservateur de la propriété foncière et des hypothèques garantissant, sécurisant et protégeant un droit réel immobilier,

- réquisition : demande par laquelle une personne saisit le conservateur de la propriété foncière et des hypothèques pour se voir inscrire un droit réel immobilier,

- opposition : action intentée par tout intéressé contre une procédure d'immatriculation en vue de se faire reconnaître un droit réel,

- livre foncier : ensemble des registres et fichiers utilisés par le conservateur en vue de l'inscription des droits réels immobiliers,

- publicité foncière : mesures destinées à porter à la connaissance des tiers l'existence des actes relatifs aux droits réels immobiliers,

- transcription : opération par laquelle le conservateur reporte sommairement sur le livre foncier les mentions contenues dans un acte authentique afin de le rendre public et de procéder à l'inscription de la constitution, de la transmission, de la déclaration ou de l'extinction des droits réels immobiliers consacrés dans ledit acte.

- radiation : exécution par le conservateur de la propriété foncière et des hypothèques d'un acte ou d'un jugement de mainlevée ou d'une inscription quelconque, et qui se réalise par une mention en marge de l'inscription.

Titre II : De la conservation de la propriété foncière et des hypothèques

Chapitre 1er : De la création, des attributions et de l'organisation de la conservation de la propriété foncière et des hypothèques

Section 1 : De la création et des attributions

Article 4 : il est institué dans chaque chef-lieu de province une conservation de la propriété foncière et des hypothèques, ci-après désignée la conservation foncière.

A l'exception des autres provinces, la province de l'Estuaire comprend deux conservations foncières :

- la conservation foncière de la ville de Libreville avec juridiction sur le Département du Komo- Mondah ;
- la conservation foncière des autres départements.

Article 5 (nouveau) : Conformément aux dispositions de la présente ordonnance et des autres textes en vigueur, la conservation foncière est chargée :

- de la tenue du registre foncier ;
- de l'exécution des formalités et des procédures prescrites pour l'immatriculation des immeubles ;
- de l'inscription d'actes ou décisions concernant les immeubles immatriculés.

Section 2 : De l'organisation et du fonctionnement

Article 6 : Les conservations foncières sont des services publics déconcentrés à l'autonomie de gestion prévus aux articles 8, 29 et 30 de la loi n°020/2005 du 3 janvier 2006 fixant les règles de création, d'organisation et de gestion des services de l'Etat. Elles sont placées sous la tutelle administrative du Ministre chargé de l'économie.

Article 7 (nouveau) : Chaque conservation foncière est placée sous l'autorité d'un conservateur de la propriété foncière et des hypothèques, ci-après désigné le conservateur, nommé par décret pris en conseil des ministres sur proposition du ministre responsable, parmi les agents publics de la première catégorie ou les cadres du secteur privé de niveau équivalent, tous ayant exercé pendant au moins dix ans des fonctions de responsabilité dans la spécialité de la conservation foncière. Les autres dispositions relatives à l'organisation et au fonctionnement de la conservation foncière sont fixées par voie règlementaire.

Chapitre 2 : Du conservateur de la propriété foncière et des hypothèques

Section 1 : Du statut et des droits

Article 8 : Le conservateur est un agent public ayant qualité d'officier ministériel.

NEUVIEME PARTIE. LA LEGISLATION FONCIERE DE LA GUINEE

Ordonnance n°92-19 du 30 mars 1992 portant Code foncier et domanial

Chapitre 3 - Des droits réels concédés sur la propriété d'autrui

Section 1 - Des droits réels immobiliers

Art.14.- Les droits réels immobiliers qui peuvent être concédés sur les immeubles sont :

- l'usufruit, déterminé par les articles 579 et suivants du Code Civil ;
- le droit d'usage et d'habitation, tel que défini par les articles 598 et suivants du Code Civil ;
- les servitudes, réglées par les articles 604 et suivants du Code Civil ;
- les actions en Justice immobilières, réglées par le Code Civil et le Code de Procédure civile ;
- les privilèges et hypothèques, édictés par les articles 1106 et suivants du Code Civil
- le droit de superficie, tel que défini à la section 2 du présent chapitre ;
- l'antichrèse, telle que définie à la section 3 du présent chapitre ;
- l'emphytéose, telle que déterminée à la section 4 du présent chapitre ;
- le bail à construction, tel que déterminé à la section 5 du présent chapitre.

Ces droits ne se conservent et ne produisent effet à l'égard des tiers que s'ils ont été publiés dans les formes, conditions et limites réglées au présent code, sans préjudice des droits et actions des parties pour l'exécution de leurs conventions.

Section 2 - Du droit de superficie

Art.15.- Le droit de superficie consiste dans le fait de posséder des constructions, ouvrages et plantations sur un fonds appartenant à autrui ou d'être autorisé à en établir. Le titulaire peut grever de servitudes les biens qui font l'objet de ce droit, mais seulement dans la li- mite qui lui est imposée pour l'exercice de ce droit. L'Etat, les collectivités territoriales et les établissements publics peuvent conférer un droit de superficie sur les terrains leur appartenant.

Section 3 - De l'antichrèse

Art.16.- L'antichrèse est le contrat par lequel le débiteur confère au créancier la possession d'un immeuble, avec faculté d'en percevoir les fruits ou revenus, à charge de les imputer annuellement, tout d'abord sur les intérêts, s'il en est dû, et ensuite sur le capital de la créance, ou pour le tout sur le capital si la créance n'est pas productive d'intérêts, et ce jusqu'à parfait paiement. L'antichrèse peut être donnée par un tiers pour le débiteur.

Section 4 - Du bail emphytéotique

Art.17.- Le bail emphytéotique est une convention de longue durée, comprise entre 15 et 99 ans, qui confère au preneur un droit réel immobilier susceptible d'hypothèque. Ce droit peut être saisi et cédé.

Art.18.- Le bail emphytéotique ne peut être consenti valablement que par les personnes qui ont le droit de disposer et d'aliéner, sous les mêmes conditions et dans les mêmes formes.

Art.19.- Le bail emphytéotique peut être consenti sur les biens immeubles appartenant aux mineurs ou interdits, en vertu d'une délibération du conseil de famille homologuée par le tribunal de première instance ou la justice de paix. La femme mariée peut donner à bail emphytéotique les biens immeubles lui appartenant sans le consentement ni l'autorisation de son mari.

Art.20.- Les immeubles du domaine privé de l'Etat ou des autres personnes publiques peuvent être donnés à bail emphytéotique.

Art.21.- La preuve du contrat d'emphytéose est soumise aux règles du Code Civil. Elle est préconstituée par l'inscription au livre foncier.

Art.22.- L'emphytéote est tenu de toutes les contributions et charges des biens immeubles, notamment des contributions foncières.

Art.23.- L'emphytéote profite du droit d'accession pendant toute la durée de la convention. Il peut acquérir, au profit de l'immeuble, des servitudes actives et le grever de celles passives, pour le temps qui n'excèdera pas la durée du bail et à charge d'avertir le propriétaire. Il exerce seul tous les droits de l'usufruitier à l'égard des mines et carrières, sous réserve des dispositions légales et réglementaires.

Art.24.- L'emphytéote doit acquitter la redevance dans les conditions prévues par le bail. Il ne peut en demander la réduction pour cause de perte partielle du bien immeuble, ni pour cause de stérilité ou de privation de toute nature à la suite de cas fortuit.

Art.25.- L'emphytéote ne peut se libérer de la redevance ni se soustraire à l'exécution du bail en délaissant le fonds.

Art.26.- Le bailleur peut faire prononcer en Justice la résiliation de l'emphytéose :

- à défaut de paiement de deux années consécutives de la redevance et après une sommation restée sans effet,
- en cas d'inexécution des conditions du contrat,
- ou si l'emphytéote a commis des détériorations graves sur le fonds. Néanmoins, le juge peut accorder un délai, suivant les circonstances.

Section 5 - Du bail à construction

Art.28.- Le bail à construction est un contrat par lequel le preneur s'engage à édifier des constructions sur le terrain du bailleur et à les conserver en bon état d'entretien pendant toute la durée du bail. Il doit être consenti pour une durée comprise entre quinze et soixante ans. Il ne peut être prorogé par tacite reconduction.

Art.29.- Sous réserve des dispositions de l'article 33 ci-après, le bail à construction confère au preneur un droit réel immobilier susceptible d'hypothèque de même que les constructions édifiées sur le terrain loué ; il peut être saisi dans les formes prescrites pour la saisie immobilière. Il est cessible et peut être apporté en société, en tout ou en partie, sous les mêmes réserves. Le cessionnaire ou la société sont tenus des obligations du preneur qui en reste garant jusqu'à l'achèvement des constructions qu'il s'est engagé à édifier.

Art.30.- Le preneur peut consentir les servitudes passives indispensables à l'achèvement des constructions.

Art.31.- Seuls ceux qui ont le droit d'aliéner et de disposer peuvent consentir un bail à construction et dans les mêmes conditions et formes.

Art.32.- Le bailleur devient propriétaire en fin de bail des constructions existantes et de celles édi- fiées et profite des améliorations, s'il n'en est autrement convenu.

Art.33.- Les servitudes passives autres que celles mentionnées à l'article 30, privilèges, hypothèques et autres charges constituées par le preneur et les baux de titres d'occupation de toute nature portant sur les constructions s'éteignent de plein droit à l'expiration du bail.

Art.34.- Toutefois, en cas de résiliation amiable ou judiciaire du bail, les privilèges ou hypothèques inscrits avant la publication de la demande en Justice de cette résiliation ou avant la publication de l'acte ou de la convention la constatant, ne s'éteignent qu'à la date convenue pour l'expiration du bail.

Art.35.- Si les constructions sont détruites par cas fortuit, force majeure ou vice de construction pendant la durée du bail, le preneur n'est pas obligé de les reconstruire et la résiliation peut, à la demande de l'une ou l'autre partie, être prononcée par décision judiciaire.

Art.36.- Le preneur est tenu de maintenir les constructions en bon état d'entretien et de réparation de toute nature. Il répond de l'incendie des bâtiments existants et de ceux qu'il a édifiés. Il peut démolir en vue de les reconstruire les bâtiments existants, sauf stipulation contraire du bail. Il est tenu de toutes les charges, taxes et impôts auxquels les bâtiments et le terrain peuvent être assujettis.

Art.37.- Le prix du bail peut consister en la remise au bailleur, à des dates et conditions convenues, de tout ou partie d'immeubles ou de fractions d'immeubles. S'il est stipulé un loyer périodique payable en epèces, ce loyer est révisable par périodes triennales à partir de l'achèvement des travaux et sur les bases convenues.

Art.38.- Les terrains du domaine privé de l'Etat et des autres personnes publiques peuvent être donnés à bail à construction.

Titre 2 - De la détermination de la qualité de propriétaire

Chapitre 1 - De la reconnaissance de la propriété

Section 1 - Reconnaissance de la propriété en cas d'occupation

Art.39.- Sont propriétaires au sens du présent Code

:

1° les personnes physiques ou morales titulaires d'un titre foncier,

2° les occupants, personnes physiques ou morales, titulaires de livret foncier, permis d'habiter ou autorisation d'occuper,

3° les occupants, personnes physiques ou morales, justifiant d'une occupation paisible, personnelle, continue et de bonne foi d'un immeuble et à titre de propriétaire. S'il y a lieu, la preuve de la bonne foi est apportée par tous moyens, et notamment par le paiement des taxes foncières afférentes au dit immeuble, par la mise en valeur de l'immeuble conformément aux usages locaux ou par une enquête publique et contradictoire.

Ces dispositions ne s'appliquent pas aux dépendances du domaine public non déclassées.

Section 2 - Reconnaissance de la propriété en cas d'absence d'occupation

Art.40.- Les terrains nus libres de propriété peu- vent être aliénés par voie d'attribution, selon les modalités définies aux articles ci-après.

Art.41.- La demande d'attribution de terrain doit être faite au maire, dans les communes urbaines, ou au préfet, dans les communautés rurales de développement.

Art.42.- Le maire ou le préfet attribue le terrain par arrêté qui détermine, s'il y a lieu les conditions particulières, notamment de mise en valeur, aux-quelles est soumise l'attribution, en raison de la situation ou de la destination du terrain.

Art.43.- Le terrain attribué est inscrit au plan foncier et immatriculé au livre foncier. L'acte d'attribution est inscrit au plan foncier et au livre foncier. Cette inscription donne lieu à établissement du titre foncier au nom du bénéficiaire. Mention est faite au plan foncier et au titre foncier, s'il y a lieu, des conditions particulières de l'attribution.

Art.44.- L'attributaire verse à la collectivité territoriale une redevance unique et, le cas échéant, une participation permettant de couvrir au minimum le montant des dépenses engagées par la collectivité pour aménager le terrain considéré. Un décret détermine les modalités de calcul, le montant et l'affectation de cette redevance.

Art.45.- La radiation au livre foncier et au titre foncier de la mention des conditions particulières d'attribution s'opère après constatation de la réalisation de ces conditions.

Art.46.- En cas de non-respect des conditions particulières d'attribution, et notamment de non mise en valeur, le droit de reprise est exercé dans les conditions et formes stipulées dans l'acte d'attribution.

Art.47.- L'acte qui prononce la reprise du terrain est inscrit au plan foncier, au livre foncier et sur le titre foncier. La copie du titre foncier est retirée au titulaire par le conservateur, qui la classe. Le titre foncier n'est pas annulé.

Art.48.- Est nulle et de nul effet toute aliénation du terrain visé à la présente section, attribué après l'entrée en vigueur du présent code, faite antérieurement à la mise en valeur du terrain, sans l'accord préalable de l'autorité compétente.

Section 5 - Du bail à construction

Art.28.- Le bail à construction est un contrat par lequel le preneur s'engage à édifier des constructions sur le terrain du bailleur et à les conserver en bon état d'entretien pendant toute la durée du bail. Il doit être consenti pour une durée comprise entre quinze et soixante ans. Il ne peut être prorogé par tacite reconduction.

Art.29.- Sous réserve des dispositions de l'article 33 ci-après, le bail à construction confère au preneur un droit réel immobilier susceptible d'hypothèque de même que les constructions édifiées sur le terrain loué ; il peut être saisi dans les formes prescrites pour la saisie immobilière. Il est cessible et peut être apporté en société, en tout ou en partie, sous les mêmes réserves. Le cessionnaire ou la société sont tenus des obligations du preneur qui en reste garant jusqu'à l'achèvement des constructions qu'il s'est engagé à édifier.

Art.30.- Le preneur peut consentir les servitudes passives indispensables à l'achèvement des constructions.

Art.31.- Seuls ceux qui ont le droit d'aliéner et de disposer peuvent consentir un bail à construction et dans les mêmes conditions et formes.

Art.32.- Le bailleur devient propriétaire en fin de bail des constructions existantes et de celles édifiées et profite des améliorations, s'il n'en est autrement convenu.

Art.33.- Les servitudes passives autres que celles mentionnées à l'article 30, privilèges, hypothèques et autres charges constituées par le preneur et les baux de titres d'occupation de toute nature portant sur les constructions s'éteignent de plein droit à l'expiration du bail.

Art.34.- Toutefois, en cas de résiliation amiable ou judiciaire du bail, les privilèges ou hypothèques inscrits avant la publication de la demande en Justice de cette résiliation ou avant la publication de l'acte ou de la convention la constatant, ne s'éteignent qu'à la date convenue pour l'expiration du bail.

Art.35.- Si les constructions sont détruites par cas fortuit, force majeure ou vice de construction pendant la durée du bail, le preneur n'est pas obligé de les reconstruire et la résiliation peut, à la demande de l'une ou l'autre partie, être prononcée par décision judiciaire.

Art.36.- Le preneur est tenu de maintenir les constructions en bon état d'entretien et de réparation de toute nature.

Il répond de l'incendie des bâtiments existants et de ceux qu'il a édifiés. Il peut démolir en vue de les reconstruire les bâtiments existants, sauf stipulation contraire du bail. Il est tenu de toutes les charges, taxes et impôts auxquels les bâtiments et le terrain peuvent être assujettis.

Art.37.- Le prix du bail peut consister en la remise au bailleur, à des dates et conditions convenues, de tout ou partie d'immeubles ou de fractions d'immeubles.

S'il est stipulé un loyer périodique payable en espèces, ce loyer est révisable par périodes triennales à partir de l'achèvement des travaux et sur les bases convenues.

Art.38.- Les terrains du domaine privé de l'Etat et des autres personnes publiques peuvent être donnés à bail à construction.

Titre 2 - De la détermination de la qualité de propriétaire

Chapitre 1 - De la reconnaissance de la propriété

Section 1 - Reconnaissance de la propriété en cas d'occupation

Art.39.- Sont propriétaires au sens du présent Code:

1° les personnes physiques ou morales titulaires d'un titre foncier,

2° les occupants, personnes physiques ou morales, titulaires de livret foncier, permis d'habiter ou autorisation d'occuper,

3° les occupants, personnes physiques ou morales, justifiant d'une occupation paisible, personnelle, continue et de bonne foi d'un immeuble et à titre de propriétaire. S'il y a lieu, la preuve de la bonne foi est apportée par tous moyens, et notamment par le paiement des taxes foncières afférentes au dit immeuble, par la mise en valeur de l'immeuble conformément aux usages locaux ou par une enquête publique et contradictoire.

Ces dispositions ne s'appliquent pas aux dépendances du domaine public non déclassées.

Section 2 - Reconnaissance de la propriété en cas d'absence d'occupation

Art.40.- Les terrains nus libres de propriété peu- vent être aliénés par voie d'attribution, selon les modalités définies aux articles ci-après.

Art.41.- La demande d'attribution de terrain doit être faite au maire, dans les communes urbaines, ou au préfet, dans les communautés rurales de développement.

Art.42.- Le maire ou le préfet attribue le terrain par arrêté qui détermine, s'il y a lieu les conditions particulières, notamment de mise en valeur, aux-quelles est soumise l'attribution, en raison de la situation ou de la destination du terrain.

Art.43.- Le terrain attribué est inscrit au plan foncier et immatriculé au livre foncier. L'acte d'attribution est inscrit au plan foncier et au livre foncier. Cette inscription donne lieu à établissement du titre foncier au nom du bénéficiaire. Mention est faite au plan foncier et au titre foncier, s'il y a lieu, des conditions particulières de l'attribution.

Art.44.- L'attributaire verse à la collectivité territoriale une redevance unique et, le cas échéant, une participation permettant de couvrir au minimum le montant des dépenses engagées par la collectivité pour aménager le terrain considéré. Un décret détermine les modalités de calcul, le montant et l'affectation de cette redevance.

Art.45.- La radiation au livre foncier et au titre foncier de la mention des conditions particulières d'attribution s'opère après constatation de la réalisation de ces conditions.

Art.46.- En cas de non-respect des conditions particulières d'attribution, et notamment de non mise en valeur, le droit de reprise est exercé dans les conditions et formes stipulées dans l'acte d'attribution.

Art.47.- L'acte qui prononce la reprise du terrain est inscrit au plan foncier, au livre foncier et sur le titre foncier. La copie du titre foncier est retirée au titulaire par le conservateur, qui la classe. Le titre foncier n'est pas annulé.

Art.48.- Est nulle et de nul effet toute aliénation du terrain visé à la présente section, attribué après l'entrée en vigueur du présent code, faite antérieurement à la mise en valeur du terrain, sans l'accord préalable de l'autorité compétente.

Chapitre 2 - Des commissions foncières

Section 1 - Composition et compétence de la commission foncière

Art.49.- Il est créé, auprès de chaque préfecture et de chaque commune de la ville de Conakry, une commission foncière chargée :

- de constater, s'il y a lieu, l'effectivité de la mise en valeur des terrains,
- de tenter de concilier les parties ou de donner son avis sur le montant des indemnités en cas d'expropriation pour cause d'utilité publique, ainsi que sur le prix d'acquisition des immeubles qui font l'objet d'une procédure de préemption,
- de donner son avis sur les opérations immobilières et sur toute question relative à l'orientation de la politique foncière de la collectivité territoriale.
- de constater, s'il y a lieu, l'effectivité de la mise en valeur des terrains,
- de tenter de concilier les parties ou de donner son avis sur le montant des indemnités en cas d'expropriation pour cause d'utilité publique, ainsi que sur le prix d'acquisition des immeubles qui font l'objet d'une procédure de préemption,
- de donner son avis sur les opérations immobilières et sur toute question relative à l'orientation de la politique foncière de la collectivité territoriale.

Art.50.- La commission foncière est composée de sept membres :

quatre membres nommés par :

- le ministre chargé de l'Urbanisme,
- le ministre chargé de l'Agriculture,
- le ministre chargé de l'Intérieur,
- le ministre chargé des Mines ;

trois membres désignés par le préfet ou par le gouverneur de la ville de Conakry, pour les communes de Conakry, parmi les personnalités locales reconnues pour leur compétence et leur expérience

La présidence de la commission est assurée par le représentant du ministère chargé de l'Urbanisme.

Section 2 - Pouvoirs de la commission foncière

Art.51.- La commission foncière peut entendre toute personne susceptible de lui apporter des renseignements sur la situation foncière de l'immeuble concerné ; elle peut se faire assister par les experts du ministère chargé de l'Habitat et du ministère chargé de l'Agriculture.

Art.52.- La constatation de la mise en valeur est faite par la commission, qui se rend sur le terrain, en présence du titulaire du titre foncier.

La mise en valeur consiste :

- dans les zones urbaines, en constructions édifiées en conformité avec les dispositions du règlement national d'urbanisme ;
- dans les zones rurales, en constructions, ouvrages, travaux d'irrigation et de drainage, plantations d'arbres ou de culture de plantes.

Art.53.- A la demande des autorités administratives, la commission rend des avis sur toutes les questions relatives à la politique foncière de la collectivité territoriale auprès de laquelle elle est insti- tuée.

Chapitre 2 - De la limitation du droit de propriété dans un but d'aménagement du territoire

Art.84.- Les règles générales applicables à l'aménagement foncier, à la détermination des plans d'occupation des sols concernant des collectivités territoriales, des parties de collectivités territoriales ou des ensembles de collectivités territoriales, sont déterminées par voie législative ou réglementaire.

Les règles en matière d'utilisation des sols, notamment en ce qui concerne la localisation, la desserte, l'implantation et l'architecture des constructions, sont déterminées par le règlement national d'urbanisme. Ces règles peuvent notamment comporter l'interdiction de construire.

Le règlement national d'urbanisme s'applique sur l'ensemble du territoire national, à l'exception des zones dotées d'un plan d'occupation des sols ou d'un document d'urbanisme en tenant lieu.

Art.85.- Le règlement national d'urbanisme est édicté par décret. Il peut prévoir les conditions dans lesquelles des dérogations aux règles qu'il édicte sont apportées dans certains territoires.

Art.86.- Les plans d'occupation des sols sont élaborés conjointement par les services de l'Etat et les collectivités territoriales intéressées ou, lorsqu'ils existent, les établissements publics couvrant les dites collectivités territoriales et ayant compétence en matière d'urbanisme.

Ils sont soumis pour avis aux organes délibérants des collectivités territoriales et aux commissions foncières ou aux organes compétents des dits établissements. Cet avis est réputé favorable s'il n'intervient pas dans un délai de trois mois.

Ils sont ensuite soumis à enquête publique et approuvés par arrêté du ministre chargé du Domaine.

Ils peuvent prévoir les conditions dans lesquelles de dérogations aux règles qu'ils édictent peuvent être accordées.

Ils doivent comporter en annexe les servitudes d'utilité publiques affectant l'utilisation des sols.

Art.87.- Les zones d'aménagement urbain sont des zones à l'intérieur desquelles une personne publique y ayant vocation décide d'intervenir pour réaliser ou pour faire réaliser l'aménagement et l'équipement des terrains, notamment de ceux que cette personne a acquis ou acquerra en vue de les céder ou de les concéder ultérieurement à des utilisateurs publics ou privés.

Lorsqu'un plan d'occupation des sols a été approuvé dans des collectivités territoriales ou parties de collectivités territoriales ou ensembles de collectivités territoriales, des zones d'aménagement ne peuvent y être créées qu'à l'intérieur des zones urbaines ou des zones d'urbanisation future, délimitées par ce plan.

Le plan d'aménagement de la zone est établi selon le même procédure que le plan d'occupation des sols et se substitue à lui ou au règlement national d'urbanisme si la zone est créée sur un territoire non soumis à un plan d'occupation des sols.

La procédure et les règles de fonctionnement des zones d'aménagement urbain sont précisées par décret.

Art.88.- Les règles applicables aux opérations, autres que celles réalisées dans les zones d'aménagement, ayant pour objet ou ayant pour effet la division d'une ou plusieurs propriétés foncières en vue de l'implantation de bâtiments, sont déterminées par décret.

En cas d'inobservation de ces règles, la nullité des ventes et des locations peut être prononcée à la requête des propriétaires ou du représentant de l'Etat. Toutefois, les ventes ou les locations de par- celles pour lesquelles le permis de construire a été accordé ne peuvent plus être annulées.

L'action en Justice née de la violation de la réglementation applicable aux lotissements se prescrit par dix ans à compter de la publication des actes portant transfert de propriété au service chargé de la gestion de la documentation foncière.

Art.89.- Quiconque désire implanter ou entreprendre une construction, à usage d'habitation ou non, doit au préalable obtenir un permis de construire dont la réglementation est fixée par décret . Cette obligation s'impose aux personnes publiques comme aux personnes privées.

Le même permis de construire est exigé pour des travaux exécutés sur des constructions existantes lorsqu'ils ont pour effet d'en modifier le volume, sous réserve des exceptions qui peuvent être pré- vues par décret.

Ce permis est délivré au nom de l'Etat. Il ne peut être accordé que si les constructions pro- jetées sont conformes à la réglementation d'urbanisme applicable sur le territoire où se trouve situé le bien, ainsi qu'aux règlements sanitaires et aux règlements de sécurité éventuellement applicables.

Art.90.- Des périmètres d'intervention foncière peuvent être créés dans un but d'intérêt général. A l'intérieur de ces périmètres, les personnes publiques pour le compte desquelles ils ont été créés disposent d'un droit de préemption sur tout immeuble bâti ou non bâti qui fait l'objet d'une aliénation volontaire à titre onéreux, sous quelque forme que ce soit. Toute aliénation visée à l'alinéa précédent est subordonnée, à peine de nullité, à une déclaration préalable faite par le propriétaire à l'organe exécutif de la collectivité territoriale où se trouve situé le bien. A défaut d'accord amiable, le prix d'acquisition est fixé par décision de Justice. Un décret déterminera les modalités d'application du présent article.

Art.91.- L'exécution de travaux ou l'utilisation du sol en méconnaissance des obligations imposées par les articles précédents, par les décrets pris pour leur application ou par les autorisations délivrées en conformité avec leurs dispositions, est punie d'une amende de 100.000 à 1.000.000 FG. Les peines prévues à l'alinéa précédent peuvent être prononcées contre les utilisateurs du sol, les bénéficiaires des travaux, les architectes, les entre- preneurs et autres personnes responsables de l'exécution des dits travaux. En cas de condamnation pour l'une des infractions visées à l'alinéa 1 du présent article, le tribunal statue soit sur la mise en conformité des lieux ou celle des ouvrages avec les règlements ou l'autorisation, soit sur la démolition des ouvrages ou la réaffectation du sol en vue du rétablissement des lieux dans leur état antérieur.

Art.92.- Les règles d'aménagement foncier rural applicables à la protection de l'environnement et à l'amélioration de la production agricole, forestière et pastorale, notamment en ce qui concerne la protection et l'aménagement des aires protégées, des forêts classées et des périmètres agricoles, pastoraux et de restauration des sols, sont déterminées par voie législative ou réglementaire[9].

---

[9] **Le régime de la propriété foncière**

Le foncier joue un rôle prépondérant dans l'activité économique.

Il est modelé en fonction des options idéologiques et politiques du pays, organisé de façon à répondre aux exigences de chaque système économique et aux aspirations de chaque société. Le droit des biens est dominé par la notion de propriété qui est la prérogative essentielle qu'une personne peut avoir sur une chose. En effet, la possession immobilière est perçue comme une assurance de premier ordre, un facteur d'estime sociale et un investissement sans risque. Alors, comment se présente le régime de la propriété foncière dans la plupart des pays membres de l'OHADA?

La législation foncière marocaine présente la caractéristique d'être double. Cette dualité est due à la coexistence d'un droit traditionnel régi par les principes du droit musulman et coutumes locales. Le droit traditionnel régi par les principes du droit musulman et coutumes locales. Le droit de propriété est fondé dans ce cas, sur la possession paisible publique (10 ans ou 40 ans) et sur la prescription acquisitive au-delà de la durée précitée. Le second régime est celui du droit d'immatriculation foncière (dit moderne) qui a été introduit dans la plupart des pays de l'espace OHADA dans les années 1990.

Quels sont les statuts fonciers existants dans l'espace OHADA?

Le foncier se caractérise également par l'existence de nombreux statuts fonciers, notamment:

- la propriété est privée et de type individuel à une ou plusieurs personnes;
- Pour s'assurer des contingents fidèles, les sultans avaient réparti les plupart des terres entourant les grandes villes entre un certain nombre de tribus ;

-Le legs est une institution de droit qui se présente sous la forme d'un bien qu'un donateur peut destiner au service d'une œuvre religieuse charitable, humanitaire, sociale, voire même d'esthétique publique;
-Le domaine privé et public de l'État; le collectif...
Les terres collectives sous leurs formes actuelles, sont considérées sur la base d'hypothèses, comme des obstacles majeurs au développement agricole, car elles n'offrent pas les conditions de sécurité et de stabilité nécessaires à l'intensification agricole et à l'investissement privé.

1. les régimes fonciers et leurs caractéristiques

Le régime foncier dans l'espace OHADA se caractérise par sa dualité. En fait, les immeubles non immatriculés, constituant une part importante de la réserve foncière, sont régis par des prescriptions et des règles de droit traditionnel non codifiées et ne pouvant procurer à leurs titulaires qu'une utilité restreinte. Les immeubles immatriculés sont régis par le régime de l'immatriculation foncière. Ce régime, moderne et plus sécurisé, demeure relativement restreint.

Par ailleurs, les deux régimes peuvent se concilier. Le Conservateur sur l'immatriculation foncière permet aux dispositions du droit qui ne sont contraires ni aux règles édictées, ni au statut personnel ou successoral des titulaires de droits réels, de s'appliquer aux immeubles immatriculés et aux droits qui s'y rapportent.

Le régime traditionnel

Le régime traditionnel régit les pratiques ancestrales foncières qui sont inspirées du droit traditionnel et les coutumes locales selon lesquelles les droits sont consacrés et authentifiés par des témoignages. Le droit de propriété est fondé en cas d'existence de documents écrits probants sur:
-La possession paisible, à titre de propriété, permanente (d'une durée supérieure à 10 ans quand elle est invoquée à l'encontre de tiers et à 40 ans quand elle est invoquée à l'encontre des parents).
-L'acquisition au profit du possesseur au-delà de la durée précitée.

Par ailleurs, les immeubles soumis au droit traditionnel sont caractérisés par:
-L'absence de publicité des droits prétendus;
-La méconnaissance par les tiers (et parfois par les ayants droits) de l'immeuble concerné, sa situation, sa consistance, ses limites, ainsi que de la nature et de l'étendue de droits qui s'y exercent et de leurs véritables détenteurs;
-L'insécurité des transactions, car le droit prétendu subsiste jusqu'à preuve du contraire;
-La difficulté d'accès aux crédits puisque la garantie réelle est incertaine;
-La multitude des litiges entre les riverains et d'autres prétendants, constituant ainsi plus de 50% des affaires devant les tribunaux.

L'absence totale de publicité concernant les immeubles non immatriculés et leurs détenteurs rend le secteur traditionnel d'une opacité impropre à la circulation des biens, à l'investissement et à la modernisation.

À cet effet, le législateur sur la constitution d'un référentiel des droits réels inspiré des principes et règles du droit traditionnel et qui devrait régir les propriétés non immatriculées. Ainsi, le Conservateur, en tant qu'instance participante à l'enrichissement de la législation foncière veille à l'harmonisation des régimes fonciers amenés à coexister dans le futur.

DIXIEME PARTIE. LA LEGISLATION FONCIERE DU MALI

Ordonnance n°00-027 du 22 mars 2000 portant Code domanial et foncier. Modifié par la loi n°02-008 du 12 février 2002

Titre 1 - Du domaine national

Art.1.- Le domaine national du Mali, qui englobe l'espace aérien, le sol et le sous-sol du territoire national, comprend : les domaines public et privé de l'Etat du Mali ; les domaines public et privé des collectivités territoriales ; le patrimoine foncier des autres personnes, physiques ou morales.

Art.2.- Le domaine de l'Etat comprend : le domaine public composé de tous les immeubles et meubles déterminés comme tels par la loi ou ayant fait l'objet d'une procédure spéciale de classement ;le domaine privé composé : des immeubles immatriculés et droits immobiliers détenus par l'Etat ; de tous les immeubles non immatriculés ; des biens meubles détenus par l'Etat.

Art.3.- Le domaine des collectivités territoriales comprend :

- le domaine public composé de tous les immeubles et meubles déterminés comme tels par la loi ou ayant fait l'objet d'une procédure spéciale de classement ;
- le domaine privé composé de tous les meubles, les immeubles et droits immobiliers détenus par celles-ci.

Art.4.- Le patrimoine foncier des autres personnes physiques ou morales comprend tous les immeubles détenus par celles-ci en vertu d'un titre foncier transféré à leur nom à la suite de la conversion d'un droit de concession en titre de propriété immatriculée, d'une cession ou de tout autre mode de transfert d'un titre foncier.

Titre 2 - Du domaine public immobilier de l'État

Chapitre 1 - De la consistance du domaine public immobilier

Art.5.- Le domaine public immobilier est constitué de l'ensemble des biens immobiliers classés ou délimités affectés ou non à l'usage du public.

Art.6.- Le domaine public immobilier de l'Etat comprend le domaine naturel et le domaine artificiel.

Art.7.- Le domaine public naturel comprend les sites naturels déterminés par la loi. En font partie : l'espace aérien ;

- les cours d'eau navigables ou flottables dans les limites déterminées par la hauteur des eaux coulant à pleins bords avant de déborder, ainsi qu'une zone de passage de 25 m de large à partir de ces limites sur chaque rive et sur les bords des îles ;

- les sources et cours d'eau non navigables ni flottables dans les limites déterminées par la hauteur des eaux coulant à pleins bords avant de déborder ;
- les lacs et étangs dans les limites déterminées par le niveau des plus hautes eaux avant débordement, avec une zone de passage de 25 m de large à partir de ces limites sur chaque rive extérieure et sur chacun des bords des îles ;
- les nappes d'eau souterraines, quelles que soient leur provenance, leur nature et leurs profondeurs.

Art.8.- Le domaine public immobilier artificiel comprend les aménagements et ouvrages réalisés pour des raisons d'intérêt général ou d'utilité publique, ainsi que les terrains qui les supportent déterminés par la loi ou ayant fait l'objet d'une procédure de classement.

Font notamment partie de ce domaine artificiel :

- les canaux de navigation, les canaux d'irrigation ou de drainage, les aqueducs, ainsi que les dépendances de ces ouvrages lorsqu'ils sont exécutés dans un but d'utilité publique ;
- les routes, les voies ferrées, les voies de communication de toutes natures et leurs dispositifs de protection, les conduites d'eau, les conduites d'égouts, les digues fluviales,les ouvrages d'éclairage et de balisage, ainsi que les dépendances de ces ouvrages ; les ports fluviaux et leurs dépendances ; les aménagements aéroportuaires et leurs dépendances ;
- les lignes télégraphiques et téléphoniques, les stations radioélectriques et les autres installations de télécommunications ainsi que leurs dépendances ;
- les ouvrages déclarés d'utilité publique en vue de l'utilisation des forces hydrauliques et du transport de l'énergie électrique ;
- les ouvrages de fortification des places de guerre ou des postes militaires ;
- de manière générale, tous les biens non susceptibles de propriété privée.

Art.9.- Les riverains des cours d'eau non navigables ni flottables sont soumis à une servitude de passage sur une zone de dix mètres de large sur chaque rive.

Art.10.- Les terrains et bâtiments des propriétés privées sont soumis à toutes les servitudes de passage, de survol, d'implantation, d'appui et de circulation nécessitées par : l'aménagement des conduites d'eau et des conduites d'égouts ; les voies de communication et leurs dispositifs de protection ; l'établissement, l'entretien et l'exploitation des réseaux de télécommunication, y compris leurs supports, ancrages et dépendances, classés dans le domaine public ; l'établissement, 'entretien et l'exploitation des réseaux d'énergie électrique ou de force hydraulique classés dans le domaine public ; l'implantation des bornes et repères topographiques ;l'exploitation des ports fluviaux et de leurs dépendances ;l'exploitation des aménagements aéroportuaires.

En cas de doute ou de contestation sur les limites du domaine public ou l'étendue des servitudes établies en vertu du présent article, il est statué par décision du Ministre chargé des Domaines, sauf recours devant le tribunal administratif compétent

Art.11.- Toutes les propriétés privées urbaines et rurales sont en outre susceptibles d'être assujetties aux servitudes d'hygiène, d'esthétique, d'alignement, de sécurité publique et aux servitudes qui peuvent être imposées par un schéma ou plan d'aménagement et d'extension.

Art.12.- Aucune indemnité n'est due aux propriétaires en raison des servitudes établies aux articles 9, 10 et 11 ci-dessus.

Chapitre 2 - De la constitution du domaine public immobilier

Art.13.- Le domaine public naturel est délimité par la loi.

En fonction de la nature des immeubles visés et si nécessaire, les biens immobiliers faisant partie de ce domaine naturel, peuvent être immatriculés au nom de l'Etat. L'immatriculation ne peut intervenir qu'après qu'un décret de délimitation ait été pris en Conseil des Ministres. Le décret détermine notamment la contenance et les limites de l'immeuble, en fixe le cas échéant, les modalités de gestion et de conservation par l'administration.

Art.14.- Le domaine public artificiel comprend les ouvrages et aménagements ainsi que les terrains qui les supportent déterminés comme tels par la loi ou le décret de classement pris en Conseil des Ministres sur proposition du Ministre chargé des Domaines. En fonction de la nature des immeubles visés et si nécessaire, ceux-ci peuvent être immatriculés au nom de l'Etat. L'immatriculation ne peut intervenir qu'après qu'un décret de classement ait été pris en Conseil des Ministres.

Le décret détermine notamment, la contenance et les limites de l'immeuble, en fixe les modalités de gestion et de conservation.

Art.15.- Les portions de domaine public reconnues sans intérêt pour les services publics ou l'intérêt général, peuvent être déclassées par décret pris en Conseil des Ministres et seront alors incorporées au domaine privé de l'Etat.

Art.16.- La sortie d'un immeuble du domaine public, artificiel ou naturel, intervient selon les mêmes formes et procédures que la délimitation ou le classement.

Art.17.- Les déclassements du domaine public sont prononcés, après enquête de commodo et in commodo et avis éventuels des conseils municipaux ou des autorités locales. Les portions du domaine public déclassées sont incorporées au domaine privé de l'Etat et leur utilisation est soumise aux conditions ordinaires de gestion de ce domaine.

Chapitre 3 - De la gestion et de la protection du domaine public immobilier de l'Etat

Art.18.- Le domaine public immobilier de l'Etat est géré par le Ministre chargé des Domaines qui peut toutefois déléguer ses pouvoirs de gestion aux autres Ministres pour les dépendances du domaine public relevant de leur attribution. Ces Ministres peuvent, à leur tour, déléguer leurs pouvoirs de gestion à des concessionnaires dûment agréés.

Art.19.- Pour des raisons d'intérêt général ou d'utilité publique, l'Etat peut transférer par décret pris en Conseil des Ministres, la gestion d'une partie de son domaine public immobilier à une collectivité territoriale qui en assure la conservation.

Art.20.- Les particuliers ont le droit de jouir du domaine public suivant les conditions spécifiques à chaque nature de biens, l'usage auquel ils sont destinés et ce dans les limites déterminées par voie réglementaire.

Art.21.- Le Ministre chargé des Domaines accorde par arrêté les autorisations d'occuper le domaine public et les dérogations aux servitudes de passage. Pour un motif d'intérêt public, ces autorisations et dérogations sont à tout moment révocables sans indemnité.

Art.22.- Les occupations du domaine public peuvent correspondre :

- à un besoin individuel tels que chemin d'accès aux cours d'eau, appointements pour extraction de pierre ou de sable, petites installations commerciales provisoires telles qu'échoppes, kiosques, abri ;
- à un besoin d'ordre collectif ou général tels qu'appointements en vue d'un service public, entrepôts, occupation par une commune ou un établissement public, stations-service.

Dans le premier cas, le droit d'occupation est strictement limité aux besoins indiqués, et essentiellement révocable à première réquisition pour tout motif d'intérêt public. Aucune condition de durée ne peut en conséquence être stipulée.

Dans le deuxième cas, la forme du bail renouvelable peut être adoptée sous réserve d'une résiliation toujours possible de la part de l'administration après un préavis de six mois. Dans tous les cas, l'administration a la faculté de racheter les installations existantes à un prix fixé d'accord partie. Après révocation de l'autorisation d'occuper, s'il n'est pas fait usage de la faculté de rachat ci-dessus spécifiée, les lieux doivent être remis en état dans les conditions et dans un délai qui sont fixés par la réquisition ou le préavis susvisé.

Art.23.- L'autorisation d'occuper une parcelle du domaine public n'est délivrée qu'après une enquête de commodo et incommodo.

Art.24.- Les autorisations d'occuper peuvent être soumises au paiement d'une redevance fixée, soit de gré à gré, soit suivant arrêté conjoint du Ministre chargé des Domaines et du Ministre chargé de la gestion technique du domaine considéré.

Art.25.- Des décrets pris en Conseil des Ministres fixent les règles relatives à la police, à la conservation et à l'utilisation du domaine public, à la police du roulage, ainsi qu'à l'exercice des servitudes militaires et des servitudes d'utilité publique.

Les infractions à ces règles constituent des contraventions. Elles sont passibles d'une amende de 3000 FCFA à 18.000 FCFA et d'un emprisonnement de 1 à 10 jours ou de l'une de ces deux peines seulement, le tout sans préjudice de la réparation des dommages causés ou de la démolition, aux frais du contrevenant, des ouvrages indûment établis sur le domaine public et dans les zones de servitudes ou de l'exécution également à ses frais des travaux prescrits.

Art.26.- Les détenteurs de terrains compris dans le domaine public, qui possèdent ces terrains en vertu d'un titre foncier, ne pourront être dépossédés, si l'intérêt public venait à l'exiger, que moyennant le paiement d'une juste et préalable indemnité.

Il en serait de même dans le cas où l'intérêt public exigerait pour l'exercice des servitudes prévues aux articles 9, 10 et 11 la démolition des constructions, l'enlèvement des clôtures ou des plantations, établies par lesdits détenteurs. L'indemnité est fixée par une commission arbitrale de trois membres dont l'un sera désigné par le Ministre chargé des Domaines, l'autre par le propriétaire et le troisième par les deux premiers, d'un commun accord. A défaut d'accord amiable la juridiction administrative compétente est saisie.

Dans le cas où l'arbitre du propriétaire ne serait pas désigné dans le délai d'un mois comme dans le cas de désaccord sur le troisième expert, ces désignations sont faites par le Président du tribunal dans le ressort duquel est située la propriété en cause.

Dans le cas où les détenteurs de terrains visés au premier alinéa du présent article ne seraient pas connus, l'administration après avoir publié par tout moyen approprié son intention de prendre possession desdits terrains en fera fixer la valeur, au moment de l'occupation, par la commission arbitrale prévue à l'alinéa 2 du présent article ; le montant du prix ainsi déterminé reste à la disposition du propriétaire éventuel pendant toute la durée ordinaire des délais de prescription.

Art.27.- Le domaine public immobilier est inaliénable, imprescriptible et insaisissable.

Titre 3 - Du domaine prive immobilier de l'Etat

Chapitre 1 - De la composition du domaine prive immobilier de l'Etat

Art.28.- Font partie du domaine rivé immobilier de l'Etat : les terres faisant l'objet de titre foncier et les droits réels immobiliers établis ou transférés au nom de l'Etat à la suite de : une procédure d'immatriculation ; une acquisition ; une succession en déshérence ; une confiscation ; l'exercice d'un droit de reprise ; tout autre mode de transfert. les terres non immatriculées y compris :

- celles vacantes et sans maîtres sur lesquelles ne s'exerce aucun droit d'usage ni de disposition, que ce soit en vertu des règles de droit écrit ou de celles des droits fonciers coutumiers ;
- celles sur lesquelles s'exercent des droits fonciers coutumiers d'usage ou de disposition, que ce soit à titre collectif ou individuel;
- celles sur lesquelles s'exercent des droits d'usage ou de disposition en vertu des règles de droit écrit.
- les dépendances du domaine forestier pastoral ou minier. Ces biens sont toutefois inaliénables lorsqu'ils font l'objet d'un classement.
- certains biens et droits immobiliers privés placés sous la sauvegarde de l'Etat à titre provisoire :
- successions vacantes ou non réclamées, biens de contumace ou de sûretés générales placés sous séquestres.

Art.29.- A moins de dispositions contractuelles contraires, les terrains domaniaux appropriés qui supportent des édifices, ouvrages ou aménagements entretenus aux frais du budget d'une collectivité territoriale ainsi qu'éventuellement les immeubles bâtis, que ces terrains supportent sont attribués au domaine privé de cette collectivité, même s'il s'agit de titres fonciers établis ou transférés au nom de l'Etat ou d'une collectivité autre que celle qui pourvoit à leur entretien. Sous la même réserve, les biens immobiliers domaniaux entretenus aux frais du budget de l'Etat sont attribués au domaine privé de l'Etat, même s'il s'agit de titres fonciers au nom d'une autre collectivité.

Art.30.- *(Loi n°02-08)* Les transferts d'immeubles domaniaux, nécessités par l'application des dispositions qui précèdent, sont prononcés par décret pris en Conseil des Ministres après avis du représentant de l'Etat au niveau de la région ou du District de Bamako et à la suite d'une consultation des assemblées des collectivités territoriales intéressées.

Chapitre 2 - De la gestion du domaine prive immobilier de l'Etat

Art.31.- Outre les modes de constitution du domaine privé immobilier de l'Etat visés à l'article 28 du présent Code, l'Etat peut recourir à la procédure d'expropriation pour cause d'utilité publique comme mode d'acquisition d'immeubles.

Art.32.- L'État dispose comme tout propriétaire de son domaine privé immobilier mis en valeur. Toutefois sous réserve des dispositions du présent Code, les dépendances des domaines forestier, minier ou pastoral sont régies par des textes spécifiques. Mais les produits provenant de ces domaines sont encaissés par le service des Domaines au profit du trésor public. Le service des Domaines est seul habilité à passer pour le compte de l'ÉTAT, les actes d'acquisition de mise en location d'immeubles et de droits immobiliers. Les immeubles de l'État, affectés ou non à un service public sont loués par le service des Domaines qui fixe les conditions financières de la location et perçoit les loyers au profit du trésor public.

Le service des Domaines assure également le recensement et le suivi comptable des propriétés bâties et non bâties de l'État.

Art.33.- Les terrains du domaine privé immobilier de l'Etat, peuvent être attribués selon les modalités suivantes : concession rurale, cession, location et affectation dont les formes et conditions sont déterminées par décret pris en Conseil des Ministres.

Art.34.- La concession rurale consiste dans le droit accordé par la puissance publique, le concédant, à une personne appelée concessionnaire de jouir, à titre provisoire, de l'usage d'un terrain pour le mettre en valeur selon des conditions prévues dans l'acte de concession et le cahier des charges y annexé. La concession rurale peut être accordée après une enquête publique et contradictoire, si cette enquête n'a pas fait apparaître l'existence de droits coutumiers sur la terre dont la concession est demandée ou si les détenteurs des droits coutumiers reconnus y ont expressément renoncé en faveur du demandeur.

La concession est accordée à titre provisoire, sous condition de mise en valeur effective dans un délai déterminé. Un cahier des charges précise ces conditions et délais. La réalisation des obligations de mise en valeur dûment constatées emporte transfert de propriété au profit du concessionnaire qui doit requérir l'immatriculation de la terre concédée.

L'octroi des concessions rurales peut être prohibé ou soumis à des conditions particulières dans certaines zones réservées soit à l'extension des villes, soit à l'extension de l'habitation, des cultures ou des droits d'usage des populations locales, soit à des aménagements agricoles ou industriels d'ensemble dans le cadre des plans de développement économique et social.

Art.35.- La cession des terrains de l'Etat peut se faire à l'amiable ou par adjudication publique. La cession peut également intervenir après mise en valeur à la suite de la transformation d'une concession rurale, d'un permis d'occuper ou d'un bail avec promesse de vente en titre définitif de propriété. Dans tous les cas, le contrat de cession est dressé sous la forme d'un acte administratif ou notarié.

Art.36.- Les terrains bâtis ou non bâtis de l'Etat peuvent être loués soit aux enchères, soit à l'amiable. Toutefois, le service des Domaines ne doit recourir à la location à l'amiable que si ce mode apparaît comme étant plus avantageux pour le trésor public. En cas de location consentie à l'amiable ou aux enchères, les baux doivent être passés en la forme administrative ou notariée.

Art.37.- Les immeubles domaniaux peuvent également être loués sous forme de bail avec promesse de vente ou bail emphytéotique. Ces baux doivent être passés en la forme administrative ou notariée.

Art.38.- Le régime d'attribution des logements administratifs de l'Etat est déterminé par décret pris en Conseil des Ministres.

Art.39.- Les prix de cession, les loyers et redevances des immeubles de l'Etat visés aux articles 35 à 38 ci-dessus sont encaissés par le service des Domaines au profit du trésor public.

Art.40.- *(Loi n°02-08)* Les immeubles dépendants du domaine privé immobilier de l'ÉTAT ou détenus par lui en jouissant à un titre quelconque peuvent être affectés à une collectivité territoriale, à un service propre de l'ÉTAT et aux Établissements publics nationaux à l'exclusion des établissements publics à caractère professionnel.

Art.40 bis.- *(Loi n°02-08)* L'affectation se fait par décret pris en Conseil des Ministres sur présentation du Ministre chargé des domaines. Toutefois, en ce qui concerne les collectivités territoriales, l'affectation doit faire l'objet d'une convention assortie d'un cahier de charge entre le Ministre chargé des domaines et la collectivité concernée.

Art.40 ter.- *(Loi n°02-08)* Lorsqu'il s'agit d'un terrain non immatriculé, l'affectation ne peut intervenir qu'après immatriculation du terrain au nom de l'Etat.

Art.41.- L'affectation est toujours effectuée à titre provisoire, et mention en est faite au livre foncier. Pendant la durée de l'affectation, le terrain affecté demeure inaliénable. L'affectation prend fin avec le besoin qui l'a motivée ou la cession du terrain.

Art.42.- Outre les modalités d'attribution visées à l'article 33 du présent Code, d'autres formes d'attribution peuvent être fixées par décret pris en Conseil des Ministres sur proposition du Ministre chargé des Domaines.

Chapitre 3 - Des droits fonciers coutumiers

Section 1 - De la confirmation et de la constatation des droits fonciers coutumiers

Art.43.- Les droits coutumiers exercés collectivement ou individuellement sur les terres non immatriculées sont confirmés. Nul individu, nulle collectivité, ne peut être contraint de céder ses droits si ce n'est pour cause d'utilité publique et moyennant une juste et préalable indemnisation. Nul ne peut en faire un usage prohibé par les lois ou par les règlements.

Art.44.- Les droits coutumiers susvisés peuvent faire l'objet d'une enquête publique et contradictoire donnant lieu à la délivrance d'un titre opposable aux tiers qui constate l'existence et l'étendue de ces droits. Les formes et conditions de ladite procédure sont fixées par décret pris en Conseil des Ministres.

Cette procédure se déroule devant une commission de conciliation dont la composition, les attributions et les modalités de fonctionnement sont fixées par décret pris en Conseil des Ministres. Il peut être formé recours contre la décision de cette commission de conciliation devant le tribunal civil compétent.

Les chefs coutumiers qui règlent, selon la coutume, l'utilisation desdites terres par les familles ou les individus ne peuvent en aucun cas se prévaloir de leurs fonctions pour revendiquer d'autres droits sur le sol que ceux résultant de leur exploitation personnelle en conformité avec la coutume.

Art.45.- Les droits coutumiers individuels ainsi constatés, quand ils comportent emprise évidente et permanente sur le sol se traduisant par des constructions ou une mise en valeur régulière sauf, le cas échéant, interruptions justifiées par les modes de culture, peuvent être grevés de droits nouveaux ou concédés au profit de tous tiers. Dans ce cas, le nouveau concessionnaire est tenu de requérir et sans délai l'immatriculation de l'immeuble.

Les droits ainsi constatés lorsqu'ils comportent emprise évidente et permanente sur le sol peuvent également être transformés en droit de propriété au profit de leur titulaire qui requiert à cet effet leur immatriculation.

Art.46.- Les droits coutumiers autres que ceux définis à l'article précédent ne peuvent être immatriculés. Ils ne peuvent être transférés qu'à des individus ou collectivités susceptibles de posséder les mêmes droits en vertu de la coutume et seulement dans les conditions et limites qu'elle prévoit.

Néanmoins, il peut être fait abandon de tous droits fonciers coutumiers tant en faveur des collectivités et établissements publics qu'en faveur des demandeurs de concessions.

Section 2 - De la purge des droits coutumiers

Art.47.- La procédure d'expropriation pour cause d'utilité publique est applicable en matière de purge de droits coutumiers sous réserve des dispositions suivantes :

Lorsque le périmètre dont le retrait est projeté comporte des terrains non immatriculés, l'arrêté de cessibilité est précédé d'une enquête publique et contradictoire destinée à révéler, le cas échéant, l'existence des droits coutumiers qui grèvent ces terrains et leur consistance exacte ainsi que l'identité des personnes qui les exercent. Cette enquête poursuivie d'office par l'autorité intéressée s'effectue selon la procédure de constatation des droits coutumiers prévue à l'article 44 du présent Code.

Les terrains sur lesquels aucun droit n'aura été constaté peuvent être occupés immédiatement et immatriculés au profit de la collectivité ou l'établissement public pour le compte duquel la procédure est poursuivie.

Lorsque l'enquête aura constaté l'existence des droits coutumiers, leur purge, qui consiste à indemniser les détenteurs de ces droits révélés, sera poursuivie selon la procédure de l'expropriation pour cause d'utilité publique prévue par la présente loi. En cas de purge des droits collectifs, le montant de l'indemnité est réparti entre chacun des codétenteurs selon l'accord conclu entre les intéressés et enregistré au tribunal compétent ou à défaut d'accord par décision de ce même tribunal. Si cet accord ou cette décision n'est pas intervenu à la date où l'expropriation doit prendre effet, le montant de l'indemnité est consigné jusqu'à leur intervention.

Lorsque l'Etat veut disposer des terrains en vue de leur attribution à une collectivité territoriale, l'indemnisation des détenteurs des droits coutumiers est à la charge de celle-ci. Lorsqu'il n'y a pas emprise évidente et permanente sur le sol, l'indemnisation des droits coutumiers constatés se fait suivant la procédure prévue à l'article 26 du présent Code.

Section 3 - Des conventions coutumières

Art.48.- Les conventions conclues, entre individus ou collectivités selon les règles et formes coutumières sur les terres non immatriculées et droits fonciers, peuvent, en vue de la preuve, être constatées par un écrit. Toutes les conventions conclues antérieurement au présent Code entre collectivités traditionnelles peuvent être renouvelées en tenant compte du nouveau découpage territorial. Les conventions antérieurement conclues entre l'Administration et les personnes physiques et morales de droit privé sont confirmées et régies par les dispositions des articles 43 à 47 du présent Code.

Chapitre 4 - Du cadastre

Art.49.- Il est institué dans toutes les communes du Mali un cadastre ayant pour objet de préciser les indications relatives à la propriété, aux droits réels, à la contenance, à l'affectation ou à la nature de culture et à l'évaluation des immeubles bâtis et non bâtis.

Art.50.- Dans le cadre de la mise en place du cadastre, toutes documentations et informations détenues par un service de l'Etat, des collectivités territoriales ou une personne privée, doivent être communiquées au service chargé du cadastre.

Art.50 bis.- *(Loi n°02-08)* Le cadastre ainsi institué effectue les missions suivantes :

- l'exécution des opérations de levé aux échelles égales ou supérieure au 1/5000e ;
- l'unification des conditions d'établissement des levés par les services publics de l'État, les collectivités territoriales et les personnes privées ;
- le contrôle de l'exécution des travaux ;
- la centralisation des résultats des travaux effectués et leur mise à la disposition des utilisateurs ;
- la maîtrise des recettes fiscales liées au foncier.

Art.50 ter.- *(Loi n°02-08)* Un décret pris en Conseil des Ministres fixe les modalités d'organisation et de confection du Cadastre.

Titre 4 - Du domaine immobilier des collectivités territoriales

Chapitre 1 - Du domaine public immobilier des collectivités territoriales

Art.51.- Le domaine public immobilier des collectivités territoriales se compose d'un domaine public naturel et d'un domaine public artificiel.

Art.52.- Le domaine public naturel comprend les sites naturels déterminés par la loi, ayant un caractère d'intérêt régional, de cercle ou communal. En font partie : les cours d'eau navigables ou flottables ;

- les sources et cours d'eau non navigables ni flottables ;
- les lacs et étangs ; - les nappes d'eau souterraines.

Art.53.- Le domaine public immobilier artificiel comprend les aménagements et ouvrages d'utilité publique réalisés pour des raisons d'intérêt régional, de cercle ou communal ainsi que les terrains qui les supportent, déterminés par la loi ou ayant fait l'objet d'une procédure de classement.

Art.54.- La délimitation, le classement et le déclassement du domaine public des collectivités territoriales interviennent selon les formes et procédures prévues aux articles 13, 14, 15 et 16 du présent Code. Toutefois en cas de déclassement, les dépendances déclassées du domaine public des collectivités territoriales sont incorporées dans leur domaine privé immobilier conformément à l'Article 15 du présent Code.

Art.55.- Les collectivités territoriales gèrent leur propre domaine public ainsi que les parties du domaine public de l'Etat qui leur sont transférées.

Art.56.- Le domaine public immobilier des collectivités territoriales est inaliénable, imprescriptible et insaisissable. Il ne peut faire l'objet que d'occupation temporaire moyennant le paiement d'une redevance. Toutefois, les collectivités territoriales peuvent transférer leurs pouvoirs de gestion à des concessionnaires dûment agréés.

Art.57.- Les infractions aux mesures de protection et de conservation du domaine public des collectivités territoriales font l'objet des sanctions prévues à l'article 25 du présent Code.

Chapitre 2 - Du domaine privé immobilier des collectivités territoriales

Art.58.- Le domaine privé immobilier des collectivités territoriales est constitué par :

- les terres objet de titre foncier et droits réels immobiliers transférés en leur nom à la suite notamment de :
- l'acquisition à titre onéreux ou gratuit de tout immeuble immatriculé;
- la transformation d'un droit de concession ou de bail avec promesse de vente après mise en valeur d'un terrain concédé.
- les terrains bâtis ou non bâtis, immatriculés ou non, cédés par l'Etat aux dites collectivités pour les besoins de leurs missions, soit par voie de transfert en toute propriété à titre onéreux, gratuit ou moyennant un prix réduit, soit par voie d'attribution à titre de dotation ;
- les dépendances du domaine forestier détenues par ces collectivités ;
- les terrains domaniaux appropriés visés à l'alinéa premier de l'article 29 du présent Code.

Art.59.- *(Loi n°02-08)* Les collectivités territoriales disposent comme tout propriétaire de leur domaine privé immobilier. Les terrains à usage d'habitation y relevant peuvent être attribués sous forme de Concession Urbaine ou Rurale à usage d'Habitation. Toutefois, les terrains visés à l'alinéa précédent font l'objet de cession directe lorsqu'ils relèvent du domaine privé immobilier d'une collectivité territoriale urbaine dotée d'un schéma directeur d'aménagement et d'urbanisme.

Art.60.- *(Loi n°02-08)* La Concession Urbaine ou Rurale à usage d'Habitation consiste dans le droit accordé par la puissance publique, le concédant, à une personne appelée concessionnaire de jouir, à titre provisoire, de l'usage d'un terrain pour le mettre en valeur selon les conditions prévues sans l'acte de concession et le cahier des charges éventuellement y annexé.

Art.61.- *(Loi n°02-08)* La Concession Urbaine ou Rurale à usage d'Habitation confère au bénéficiaire un droit de superficie sur un terrain à l'exclusion de tout droit de propriété. Le droit de superficie conféré par la Concession Urbaine ou Rurale à usage d'Habitation est réputé meuble ; il peut être inscrit au livre foncier.

Art.62.- *(Loi n°02-08)* La Concession Urbaine ou Rurale à usage d'Habitation ne peut porter que sur un terrain à usage d'Habitation. Elle est octroyée par le Maire après avis du Conseil de Village, de Fraction ou de Quartier réuni à cet effet et entériné par une délibération du Conseil communal. Elle porte sur les terrains dont la Commune est propriétaire ou affectataire. Les conditions générales qui doivent être observées pour la mise en valeur des immeubles objet de Concession Urbaine ou Rurale à usage d'Habitation sont déterminées pour chaque commune, par délibération du Conseil communal et après avis du Conseil de village, de fraction ou de Quartier réuni pour la circonstance.

Art.63.- *(Loi n°02-08)* Le droit de superficie conféré par la Concession Urbaine ou Rurale à usage d'Habitation ainsi que les constructions réalisées sur le terrain, pourront être mis en gage. La mise en gage sera constatée par acte authentique dont expédition sera conservée par l'autorité administrative concédante. Mention de cette mise en gage sera faite sur la Concession Urbaine ou Rurale à usage d'Habitation et sa copie ainsi que sur le registre des Concessions Urbaines ou Rurales à usage d'Habitation tenu par ladite autorité. Si l'attributaire ne satisfait pas à ses engagements vis-à-vis du créancier, celui-ci pourra faire jouer la garantie selon les règles générales de réalisation de gage. Toute les contestations, exceptées celles relatives à la mise en gage de la Concession Urbaine ou Rurale à usage d'Habitation sont de la compétence de la juridiction administrative.

Art.63 bis.- *(Loi n°02-08)* Le droit de Concession Urbaine ou Rurale à usage d'Habitation est directement transmissible par acte authentique.

Art.63 ter.- *(Loi n°02-08)* Dans une même collectivité, il ne peut être accordée qu'une seule Concession Urbaine ou Rurale à usage d'Habitation par demandeur sous réserve que celui-ci ne dispose pas déjà à quelque titre que ce soit dans la même agglomération d'un terrain à usage d'habitation bâti ou non bâti. Toutefois, la Concession Urbaine ou Rurale à usage d'Habitation peut porter à titre exceptionnel sur deux parcelles à condition que celles-ci soient contiguës et que les garanties de mise en valeur soient suffisantes.

Titre 5 - Du domaine mobilier de l'État et des collectivités territoriales

Chapitre 1 - Du domaine public mobilier

Art.64.- Le domaine public mobilier de l'Etat est constitué de tous les biens meubles qui ne sont pas susceptibles d'une appropriation privée. En font partie notamment : Les biens détenus par les services à vocation culturelle et scientifique telles que : les archives publics ; la bibliothèque nationale ; le musée national ;

Entrent également dans cette catégorie, les biens archéologiques, historiques, ethnographiques, les ouvres d'art, les collections et spécimens rares de zoologie, de botanique, de minéralogie et les objets présentant un intérêt paléontologique. Les biens meubles détenus par la Grande chancellerie des ordres nationaux.

Art.65.- Les services déterminés par la loi assurent la gestion technique des biens meubles du domaine public mobilier de l'Etat. Toutefois, chacun de ces services techniques est tenu de procéder à l'inventaire régulier des biens dont il assure la gestion et en tenir copie au service chargé des Domaines.

Art.66.- Les collectivités territoriales disposent d'un domaine public mobilier comme l'Etat, présentant un intérêt régional, de cercle ou communal.

Art.67.- Le domaine public mobilier de l'Etat et des collectivités territoriales est inaliénable, imprescriptible et insaisissable.

Chapitre 2 - Du domaine prive mobilier

Art.68.- Fait partie du domaine privé mobilier de l'Etat, tout bien meuble acquis ou transféré au nom de l'Etat pour quelque motif que ce soit, à la suite d'une acquisition à titre onéreux ou gratuit, d'une confiscation ou de tout autre mode de transfert.

Art.69.- Les collectivités territoriales disposent d'un domaine privé mobilier au même titre que l'Etat.

Art.70.- Les services utilisateurs des biens meubles de l'Etat et des collectivités territoriales en assurent la gestion technique. Toutefois le service des Domaines établit le certificat de propriété, procède à l'enregistrement et au suivi comptable des véhicules civils et militaires de l'Etat, des collectivités territoriales, des établissements publics à l'exclusion des établissements publics à caractère industriel et commercial.

Tout bien meuble de l'Etat admis à la réforme selon les règles de la comptabilité matière est mis à la disposition du service des Domaines qui décide de sa destruction ou de sa cession. La vente est faite par adjudication publique. Exceptionnellement, elle peut intervenir à l'amiable après autorisation du Ministre chargé des Domaines.

Les collectivités territoriales peuvent également mettre à la disposition du service des Domaines leurs biens réformés en vue de leur destruction ou de leur cession. Le cas échéant, elles sont tenues d'informer le service des Domaines du sort réservé au dit bien. En cas de cession de biens des collectivités territoriales par le service des Domaines, les produits sont encaissés au profit desdites collectivités après déduction des frais exposés.

Titre 6 - De la propriété foncière

Chapitre 1 - De l'organisation du régime foncier et de la législation applicable aux immeubles Section 1 - De l'organisation

Art.71.- Le service de la conservation foncière, gestionnaire du régime de la propriété foncière, assure aux titulaires la garantie des droits réels soumis à publicité qu'ils possèdent sur les est obtenue au moyen de la publication dans les livres fonciers, à un compte particulier immeubles relevant du régime de l'immatriculation, dans les conditions déterminées par le présent texte.

Art.72.- Cette garantie ouvert pour chaque immeuble, de tous les droits réels qui s'y rapportent, ainsi que des modifications de ces mêmes droits, ladite publication étant précédée de la vérification des justifications produites et faisant foi à l'égard des tiers, le tout dans les limites et conformément aux dispositions ci-après formulées.

Art.73.- Pour permettre cette publication, les immeubles doivent avoir été préalablement immatriculés sur les livres fonciers, à la suite d'une procédure spéciale permettant la révélation de tous droits réels déjà constitués.

Art.74.- L'immatriculation est toujours demandée au nom de l'Etat par le chef du service des Domaines.

Par contre, les constitutions, transferts et radiations de droits réels sont publiés à la demande des titulaires de ces droits. Les actes constatant lesdits transferts, constitutions ou radiations sont passés sous forme authentique ou sous seings privés.

Art.75.- L'immatriculation est obligatoire avant toute attribution de terres par l'Etat. Toutefois les terrains ruraux peuvent être attribués sous forme de concession rurale sans immatriculation préalable. Celle-ci interviendra obligatoirement lors de la transformation de la concession rurale en titre foncier.

Art.76.- L'immatriculation est définitive ; aucun immeuble immatriculé ne peut être replacé sous son régime juridique antérieur.

Art.77.- L'organisation du service de la conservation foncière, les jours et heures d'ouverture et de fermeture de ses bureaux sont fixés par arrêté du Ministre chargé des Domaines.

Les préposés portent le titre de conservateurs de la propriété foncière. Ils sont désignés par arrêtés du Ministre chargé des Domaines.

Art.78.- Les Conservateurs de la propriété foncière sont chargés :

- de la suite à donner aux demandes d'immatriculation ;
- d'assurer l'inscription des formalités d'immatriculation sur les livres fonciers ;
- de la tenue des livres fonciers et de l'inscription sur les titres fonciers et les copies de ces titres de toutes mentions relatives à la constitution, au transfert ou à la radiation de tous droits réels sur les immeubles immatriculés ;

- de la conservation des actes et plans relatifs aux immeubles immatriculés et de la communication au public des renseignements contenus dans leurs archives et relatifs à ces immeubles.

Art.79.- Les livres fonciers sont affectés, à raison d'une feuille ouverte par immeuble, à l'enregistrement spécial prévu à l'article 73 sous le nom d'immatriculation et à l'inscription ultérieure, en vue de leur conservation, dans le sens de l'article 71 des droits réels soumis à publicité.

Art.80.- L'ensemble des mentions consignées sur une feuille ouverte des livres fonciers constitue le titre foncier de l'immeuble auquel elles s'appliquent.

Les mentions du titre foncier sont appuyées et complétées par l'adjonction de bordereaux analytiques, établis par le Conservateur, des actes et pièces produits comme justification des droits réels publiés.

Art.81.- A chaque titre foncier correspond, dans les archives de la conservation, un dossier comprenant : les pièces de la procédure d'immatriculation ; le plan définitif de l'immeuble ; la série des bordereaux analytiques successivement établis ; les actes et pièces analysés.

Art.82.- *(Loi n°02-08)* Dans le ressort d'un bureau de la Conservation foncière, les circonscriptions pour lesquelles il est ouvert un livre foncier sont désignées par Arrêté du Ministre chargé des Domaines sur la proposition du Conservateur.

Art.83.- Outre les livres fonciers et les dossiers correspondants, les conservateurs de la propriété foncière tiennent encore les quatre registres ci-après, à savoir : - pour la suite de la procédure d'immatriculation :

- le registre d'ordre des formalités préalables à l'immatriculation,
- le registre des oppositions ;

- la constatation des demandes d'inscription sur les livres fonciers :

- le registre des dépôts des actes à inscrire ;

- pour la communication des renseignements au public :

- le répertoire des titulaires de droits réels et la table par bulletin mobile, dudit répertoire.

Art.84.- Le registre des oppositions et le registre des dépôts des actes à inscrire sont arrêtés chaque jour, par le Conservateur, à l'heure de la fermeture des bureaux.

Le registre des dépôts est tenu en double exemplaire et dès achèvement l'un d'eux est transmis aux dépôts des archives nationales.

Art.85.- Les livres et registres énumérés aux articles 83 et 84 sont côtés et paraphés, avant tout usage, par le président de la juridiction civile de première instance territorialement compétente.

Art.86.- *(Loi n°02-08)* Les Représentants de l'Etat au niveau de la circonscription administrative, les Juges de paix à compétence étendue, les Contrôleurs des services publics, les Inspecteurs des services des domaines, le Procureur général près de la Cour d'Appel et les Procureurs de la République près les juridictions de premières instance peuvent, chacun dans son ressort, consulter sur place les registres de la propriété foncière.

Ces fonctionnaires et magistrats peuvent en outre obtenir par écrit et gratuitement, communication des renseignements consignés au livre foncier ou renfermés dans les dossiers correspondants aux titres fonciers.

Section 3 - De la règlementation

Art.87.- Sont applicables aux immeubles immatriculés et aux droits réels qui s'y rapportent, les dispositions des lois et règlements. ***Sous-section 1 - Des droits réels***

Art.88.- Sont immeubles par l'objet auquel ils s'appliquent : les droits réels immobiliers suivants : la propriété des biens immeubles ; l'usufruit des mêmes biens ; les droits d'usage et d'habitation ; l'emphytéose ; le droit de superficie ; les servitudes ou services fonciers ; l'antichrèse ; les privilèges et hypothèques ; les actions qui tendent à revendiquer ces mêmes droits réels.

Art.89.- Les droits réels énumérés à l'article précédent ne se conservent et ne produisent effet à l'égard des tiers qu'autant qu'ils ont été rendus publics dans les formes, conditions et limites réglées du présent Code sans préjudice des droits et actions réciproques des parties pour l'exécution de leurs conventions.

Art.90.- L'emphytéose est soumise aux dispositions du présent Code ou aux textes régissant le bail emphytéotique entre particuliers.

Art.91.- Le droit de superficie consiste dans le fait de posséder des constructions, ouvrages ou plantations sur un fonds appartenant à autrui ou d'être autorisé à en établir. Le titulaire peut grever de servitudes les biens qui font l'objet de son droit, mais seulement dans la limite qui lui est imposée pour l'exercice de ce droit.

Art.92.- Sont dispensées de la publicité les servitudes dérivant de la situation naturelle des lieux ou des obligations imposées par la loi, à l'exception cependant de la servitude de passage pour cause d'enclave, dont l'assiette doit être exactement déterminée, soit au moment de l'immatriculation du fonds grevé, soit lors de la création de la servitude si celle-ci est postérieure à l'immatriculation.

Art.93.- La faculté accordée aux héritiers ou à l'un d'eux d'écarter du partage toute personne non successible à laquelle un cohéritier aurait cédé son droit à la succession, appartient également au co-indivisaire d'un immeuble, au superficiaire, pour l'acquisition du sol, et au propriétaire du sol, pour l'acquisition de la superficie ; tout retrait indistinctement doit être exercé dans un délai de deux mois à compter du jour où la vente a été rendue publique.

Art.94.- Le privilège du vendeur ou du prêteur de deniers pour l'acquisition de l'immeuble, sur l'immeuble vendu, pour le paiement du prix, et celui des cohéritiers sur les immeubles de la succession, pour la garantie des partages faits entre eux et des soultes ou retour de lots, sont remplacés par une hypothèque obtenue par décision de justice à moins que ces privilèges ne soient constatés par un acte notarié à publier au livre foncier.

Art.95.- Par dérogation à la règle posée à l'article 93, les créanciers et légataires qui demandent la séparation du patrimoine d'une personne défunte conservent, à l'égard de ses héritiers et représentants, pour exercer leur privilège sur les immeubles successoraux, le bénéfice du délai de six mois, à compter de l'ouverture de la succession, nonobstant toute aliénation du chef desdits héritiers ou représentants.

Art.96.- Les privilèges, à l'exception toutefois du privilège des frais de justice faits pour la réalisation de l'immeuble et la distribution du prix, ne procurent droit de préférence aux bénéficiaires appelés à les exercer sur la masse immobilière, que sur les créances chirographaires.

Art.97.- Le privilège des frais de justice est dispensé de toute publication.

Art.98.- L'hypothèque est forcée ou conventionnelle.

L'hypothèque forcée est celle qui est conférée par une décision de justice, sans le consentement du débiteur, dans les cas spécialement déterminés par la présente loi. L'hypothèque conventionnelle est celle qui résulte des conventions.

Art.99.- Sont seuls susceptibles d'hypothèque : Les fonds de terre bâtis ou non bâtis qui sont dans le commerce et, avec eux, leurs accessoires réputés immeubles ; L'usufruit des mêmes biens, pendant sa durée ; L'emphytéose, pendant le temps de sa durée ; Le droit de superficie.

Art.100.- L'hypothèque forcée est accordée :

- à la femme mariée, sur les biens de son mari, pour sa dot, ses droits matrimoniaux ; L'indemnité des obligations du mari dont elle est tenue et le remploi de ses biens aliénés ;
- au mineur et à l'interdit, sur les biens de leur tuteur et de leur subrogé tuteur et de la caution de ces derniers ;
- au vendeur, à l'échangiste et au copartageant, sur l'immeuble vendu, échangé ou partagé, quand il n'a pas été réservé d'hypothèque conventionnelle pour le paiement du prix ou de la soulte d'échange ou de partage ;
- à la masse des créanciers en cas de faillite.

Art.101.- L'hypothèque forcée de la femme mariée est déterminée quant aux sommes garanties et aux immeubles hypothéqués soit par une disposition expresse du contrat de mariage, soit, postérieurement au contrat ou s'il n'y a pas eu de contrat et à défaut du consentement du mari, par un jugement du tribunal en chambre du conseil, sur la requête de la femme ou des créanciers, le mari, le ministère public entendu.

Art.102.- Dans les cas où les garanties hypothécaires données à la femme sont reconnues insuffisantes, elles peuvent être étendues, à la requête des personnes énumérées à l'article précédent, par jugement du tribunal rendu en chambre du conseil, le Ministère public entendu. Si ces garanties sont reconnues excessives, la réduction peut en être ordonnée dans les mêmes formes, à la requête du mari.

Art.103.- L'hypothèque forcée des mineurs et interdits est déterminée, quant aux sommes garanties et aux immeubles hypothéqués, par une délibération du conseil de famille, prise à la requête du tuteur, du subrogé tuteur, des parents, alliés ou créanciers des mineurs ou interdits ou du procureur de la république.

Art.104.- Dans les cas où les garanties données aux mineurs ou interdits sont reconnues insuffisantes, elles peuvent être étendues par délibération du conseil de famille réuni à la requête des mêmes personnes. Si elles sont reconnues excessives, la réduction peut en être accordée dans les mêmes formes, à la requête du tuteur.

Art.105.- Dans ces différents cas, à défaut du consentement du tuteur, la délibération du conseil est soumise à l'homologation du tribunal, et le droit à l'hypothèque résulte du jugement d'homologation.

Art.106.- Les maris et tuteurs peuvent toujours être dispensés de l'hypothèque, en constituant un gage mobilier ou une caution, moyennant que cette substitution soit approuvée et les conditions de la constitution du gage fixées par un jugement du tribunal rendu en chambre du conseil, le ministère public entendu.

Art.107.- Le vendeur, l'échangiste ou le copartageant de biens immeubles peut, dans le contrat de vente, d'échange ou de partage, exiger de leur acheteur, coéchangiste ou copartageant, une hypothèque sur les immeubles vendus, échangés ou cédés pour garantie du paiement total ou partiel du prix ou de la soulte d'échange ou de partage. A défaut de stipulation d'hypothèque conventionnelle, le vendeur, l'échangiste ou le copartageant peut, en vertu d'un jugement du tribunal, obtenir l'hypothèque forcée sur lesdits immeubles. L'action en résolution de l'acte de vente, d'échange ou de partage, pour défaut de paiement du prix ou de la soulte, appartient au vendeur, à l'échangiste ou au copartageant, nanti d'une hypothèque conventionnelle ou forcée régulièrement publiée, du fait même de l'obtention de cette garantie et concurremment avec elle.

Art.108.- *(Loi n°02-08)* L'hypothèque conventionnelle est consentie par acte authentique. La transmission et la mainlevée de l'hypothèque ont lieu dans la même forme.

Art.109.- *(Loi n°02-08)* Les contrats passés en pays étrangers peuvent contenir stipulation valable d'hypothèque sur des immeubles situés en République du Mali, à la condition d'être authentifiés par un Notaire exerçant au Mali et de contenir les mentions prescrites à l'Article 175 ci-après.

Art.110.- l'hypothèque régulièrement publiée conserve son rang et sa validité, sans formalité nouvelle, jusqu'à la publication dans la même forme de l'acte libératoire.

Art.111.- La publication de l'hypothèque conventionnelle peut, dans les cas de prêts n'excédant pas deux ans, être différée pendant un délai maximum de quatre-vingt-dix jours, sans que le créancier soit exposé à perdre le rang qui lui est et demeure acquis, à la condition par lui de se conformer aux dispositions de l'article 200 du présent Code.

Art.112.- L'hypothèque consentie pour sûreté d'un crédit ouvert, à concurrence d'une somme déterminée à fournir, prend rang à la date de sa publication, sans égard aux époques successives de l'exécution des engagements pris par le créditeur.

Art.113.- L'hypothèque s'éteint : par l'extinction de l'obligation dont elle constitue la garantie ; par la renonciation du créancier à son droit ;

- par l'accomplissement de la procédure de purge des hypothèques par le tiers détenteur sur expropriation forcée ou sur expropriation pour cause d'utilité publique, conformément aux prescriptions de l'Article 120.

Art.114.- Les actions tendant à la revendication d'immeubles, basées sur l'une des causes ci- après : rapport en nature de biens donnés, réduction des donations pour atteinte à la réserve, droit de retour des biens donnés en cas de prédécès du donataire seul ou de celui-ci et de ses descendants, révocation d'une donation pour inexécution des conditions ou survenance d'enfants, résolution d'un contrat synallagmatique pour inexécution des conditions, exécution de réméré, ne peuvent être exercées qu'autant que ces droits auront été réservés expressément aux contrats d'aliénation et ne produisent effets, à l'égard des tiers, qu'à dater du jour où ces réserves ont été rendues publiques dans les formes réglées par le présent Code.

Art.115.- Le rapport des biens donnés peut cependant être exigé en nature, même en l'absence d'une réserve expresse dans l'acte de donation, tant que l'immeuble n'a pas été aliéné ou grevé de droits réels par le donataire, sinon il ne peut avoir lieu qu'en moins prenant.

Art.116.- De même la réduction des donations pour atteinte à la réserve peut encore s'exercer sur les immeubles même en l'absence de toute stipulation y relative dans l'acte de donation tant que lesdits immeubles n'ont pas été aliénés ou grevés de droits réels par le donataire ; dans ce dernier cas la réduction a lieu en équipollent.

Art.117.- L'action en révocation pour cause d'ingratitude, bien que non réservé en l'acte de donation, peut cependant être exercée par le donateur, mais sans préjudice aux aliénations faites ni aux hypothèques et autres charges réelles constituées par le donataire, pourvu que les actes y relatifs aient été publiés avant l'exploit introductif d'instance. La même règle est applicable à la révocation de la donation entre époux, qu'il s'agisse de la rétractation volontaire ou de la résolution imposée par la loi comme conséquence du divorce ; cette révocation reste sans influence sur les droits acquis par des tiers, à la condition toutefois dans le second cas, que les actes constitutifs de ces droits aient été publiés avant la demande en divorce, tenu pour équivalente à une demande de révocation.

Art.118.- Toutes autres actions tendant à la revendication d'immeuble, fondée sur des causes non susceptibles d'énonciation aux contrats d'aliénation et notamment sur l'inobservation des conditions essentielles à la validité, l'atteinte portée aux droits des créanciers ou à ceux des mineurs, l'incapacité absolue ou relative de disposer ou de recevoir par testament ou donation, l'interdiction légale d'acheter ou de vendre frappant certaines personnes ou s'appliquant à certains objets, le retrait d'indivision, sont sans effet à l'égard des tiers de bonne foi ayant publié leurs titres avant l'acte introductif d'instance.

Art.119.- Les actions en nullité pour défaut de forme, en résiliation pour éviction partielle, existence de servitudes non apparentes, lésions du quart ou des sept douzièmes ou constitution de droits réels par un failli dans les dix jours qui ont précédé la cessation de ses paiements, sont irrecevables sur immeubles immatriculés.

Art.120.- En cas d'expropriation pour cause d'utilité publique, les détenteurs des droits réels inscrits ne peuvent cependant exercer ces droits que sur l'indemnité d'expropriation telle qu'elle est fixée par les règlements en la matière. Pour permettre l'exercice de ces droits, l'indemnité d'expropriation dans le cas d'inscription au titre foncier ou d'opposition, est distribuée conformément aux prescriptions des articles 120 à 129 du présent Code. La purge des droits inscrits résultera de l'inscription de la décision prononçant définitivement l'expropriation, à moins de recours à la procédure de distribution auquel cas elle résultera de l'ordonnance du juge prévue par l'Article 129 du présent Code.

Sous-section 2 - De la vente par expropriation forcée

Art.121.- Le créancier nanti d'un titre exécutoire, peut, à défaut de paiement à l'échéance, poursuivre la vente par expropriation forcée des immeubles immatriculés de son débiteur. Toutefois ce droit ne peut être exercé par le détenteur d'un certificat d'inscription délivré par le Conservateur de la propriété foncière qu'à l'égard de l'immeuble affecté.

Art.122.- La vente par expropriation forcée est régie par les dispositions pertinentes du Code de procédure civile commerciale et sociale ainsi que par les dispositions ci-après.

Art.123.- *(Loi n°02-08)* Le greffier en chef ou le Notaire, dépositaire des sommes versées par l'adjudication, établit, dès l'expiration du délai accordé pour la déclaration de surenchère, un état de distribution du prix entre les créanciers du propriétaire exproprié.

Les créanciers sont à cet effet classés dans l'ordre suivant :

1° les frais de justice faits pour parvenir à la réalisation de l'immeuble vendue et la distribution elle-même du prix ;

2° les créances de salaire super privilégié ;

3° les créances garanties par une hypothèque conventionnelle ou forcée, chacune suivant le rang qui lui appartient, eu égard à la date de sa publication ;

4° les créances fondées sur des titres exécutoires, lorsque les bénéficiaires sont intervenus à la procédure par voie d'opposition, ces dernières au même rang et au marc le franc entre elles ;

L'excédent s'il y a lieu est attribué au propriétaire exproprié.

Art.124.- L'état de distribution est soumis aux intéressés et, en cas d'approbation de leur part, remise leur est immédiatement faite des sommes qui leur reviennent contre quittance et, s'il y a lieu, mainlevée de l'hypothèque consentie en leur faveur.

Art.125.- S'il y a désaccord entre les divers créanciers sur le rang à attribuer à leur créance soit sur le montant des sommes qui leur revient, la distribution du prix ne peut avoir lieu que par voie d'ordre judiciaire.

Art.126.- En ce cas, les sommes versées par l'adjudicataire, sont déposées au Trésor, dans le délai de huitaine au plus tard, sous le nom du propriétaire exproprié ou de ses ayants cause, et l'état de distribution, complété par l'énoncé des dires et observations des parties est remis, accompagné de toutes pièces utiles, au président du tribunal du ressort.

Art.127.- Le président commet par ordonnance un juge du siège pour procéder au règlement de l'ordre judiciaire.

Art.128.- Le juge commis, dans les huit jours de sa désignation convoque les créanciers dont les noms figurent à l'état de distribution, cette convocation est faite par lettres recommandées expédiées par le greffier en chef et adressées aux intéressés, tant à leur domicile réel qu'à leur domicile d'élection. Le propriétaire exproprié et l'adjudicataire sont également convoqués en la même forme. La date de la réunion doit être choisie de telle sorte qu'il s'écoule un délai d'au moins vingt jours entre cette date et celle de la convocation. Les créanciers non comparants sont définitivement forclos.

Art.129.- Au jour fixé pour la réunion, le juge commis entend les observations et explications des parties, arrête l'ordre et ordonne la délivrance des bordereaux de collocation à chacun des créanciers venant en rang utile : il prononce en même temps, par voie d'ordonnance, la libération de l'immeuble qui se trouve affranchi de toutes les charges hypothécaires dont il était grevé, alors que les créances garanties n'auraient pu être réglées en tout ou partie.

Une expédition de cette décision est remise à l'adjudicataire aux fins d'inscription sur le titre foncier. Cette inscription purgera tous les privilèges et hypothèques.

Art.130.- Les formalités ci-dessus décrites pour l'exécution des ventes par expropriation forcée sont applicables aux ventes de biens de mineurs.

Sous-section 3 - De la prescription

Art.131.- La prescription ne peut, en aucun cas, constituer un mode d'acquisition de droits réels sur des immeubles immatriculés ou de libération des charges grevant les mêmes immeubles. Toutefois, seront considérés comme vacants et incorporés au domaine de l'Etat par décision de l'autorité compétente, sans que les propriétaires puissent prétendre à une indemnité quelconque :

- tout immeuble immatriculé, bâti ou non, en zone rurale comme en zone urbaine, abandonné pendant trente années consécutives par son propriétaire ;
- tout immeuble immatriculé, bâti ou non, en zone rurale comme urbaine, acquis depuis trente ans ou plus et dont la mise en valeur est inexistante ou insuffisante.

Art.132.- Est considéré comme abandonné tout immeuble urbain rural, bâti ou non, non occupé ni exploité par son propriétaire ou par un tiers justifiant d'un titre régulier.

Art.133.- Sont considérés comme non mis en valeur ou insuffisamment mis en valeur : les terrains nus ; les terrains ne comportant qu'une simple clôture ;

- les terrains bâtis ou exploités sur lesquels la valeur des impenses est inférieure à deux fois la valeur du terrain au moment de l'engagement de la procédure de reprise.

Art.134.- Pour les immeubles actuellement abandonnés ou non mis en valeur, le délai de trente ans courra rétroactivement à compter du jour de l'abandon pour les immeubles abandonnés ou de l'acquisition pour les immeubles non mis en valeur ou insuffisamment mis en valeur.

Art.135.- L'indue occupation ou la mise en valeur effectuée par un tiers ne justifiant d'aucun titre légal n'interrompt pas le délai de reprise.

Art.136.- *(Loi n°02-08)* Le public sera avisé de l'ouverture de la procédure de reprise par un avis publié au Journal Officiel ou dans un journal autorisé à publier les annonces légales et par tous les moyens coutumiers d'information, faisant connaître les jour et heure de l'enquête sur les lieux. Aux jour et heure indiqués, le Représentant de l'Etat au niveau de la circonscription administrative ou le maire ou leur représentant se rendra sur place et recueillera tous renseignements utiles. Il préviendra l'assistance qu'à défaut d'opposition motivée entre ses mains dans le délai d'un mois, l'immeuble sera incorporé au domaine de l'Etat, franc et libre de toutes charges. En cas d'opposition dans le délai ci-dessus indiqué, le Représentant de l'Etat au niveau de la circonscription administrative, le maire ou leur représentant transmet le dossier au tribunal civil du lieu de situation de l'immeuble qui statuera sur le bienfondé de ces oppositions. A défaut d'opposition ou si les oppositions sont rejetées par le tribunal, la décision d'incorporation de l'immeuble au domaine de l'Etat est prononcée par décision de l'autorité compétente.

Art.137.- Les dispositions des articles 130 à 135 ne sont pas applicables aux terrains nus propriété des collectivités territoriales et aux immeubles de l'Etat concédés sous réserve de conditions résolutoires.

Chapitre 2 - Du fonctionnement du régime foncier

Section 1 - Immatriculation des immeubles

Sous-section 1 - De la procédure d'immatriculation

Art.138.- Seul l'Etat peut demander l'immatriculation des immeubles.

Art.139.- Sont seuls susceptibles d'immatriculation sur les livres fonciers les fonds de terres bâtis ou non bâtis.

Art.140.- Il doit être établi une demande spéciale pour chaque corps de propriété composé d'une ou plusieurs parcelles, pourvu que lesdites parcelles soient contiguës. Sont considérées comme telles les parcelles constitutives d'un domaine rural qui ne sont séparées les unes des autres que par des cours d'eau ou des voies de communication affectées ou non, d'une façon permanente, à l'usage du public.

Art.141.- Préalablement à toute demande d'immatriculation, l'immeuble doit être déterminé quant à ses limites au moyen de bornes en pierre, en maçonnerie ou en béton plantées à chacun des sommets du polygone formé par le terrain. Ces bornes doivent comporter un dé et un socle. Le dé, à section carrée, mesurera au minimum 10 centimètres de hauteur et 10 centimètres de côté. Le socle, enfoui en terre, aura la forme d'un tronc de pyramide d'au moins 20 centimètres de hauteur et 25 centimètres de côtés à la base inférieure. Le changement de direction de limite est au centre de la borne. Les bornes sont figurées sur le plan mentionné à l'Article 142 ci-dessous.

Art.142.- Toute réquisition d'immatriculation remise au Conservateur de la propriété foncière, contre récépissé, doit contenir :

- les noms, prénoms et qualité du représentant de l'Etat ;
- une élection de domicile de celui-ci dans le ressort judiciaire où se trouve l'immeuble à immatriculer ;
- la description de l'immeuble, ainsi que des constructions et plantations qui s'y trouvent, avec indication de sa situation, de sa contenance, de ses limites, tenants et aboutissants et, s'il y a lieu, le nom sous lequel il est connu ;
- la réquisition adressée au Conservateur de procéder à l'immatriculation.

Le requérant doit déposer à l'appui de sa réquisition, un plan de l'immeuble daté et signé, établi conformément aux instructions topographiques, à l'échelle de : 1/100, 1/200 ou 1/500 pour les terrains urbains et suburbains bâtis ; 1/500, 1/1000, 1/2000, 1/5000 ou 1/10.000 pour les terrains lotis et les terrains ruraux ; 1/5000 ou 1/10.000 pour les concessions minières.

Art.143.- La réquisition n'est acceptée par le Conservateur qu'au tant qu'il en reconnaît la régularité. S'il a des objections à formuler, il en fait part à l'autorité requérante. Celle-ci peut passer outre mais, dans ce cas, elle doit confirmer la réquisition par écrit et elle substitue ainsi sa propre responsabilité à celle du Conservateur quant aux suites de l'immatriculation.

Art.144.- Dans le plus bref délai après le dépôt de la réquisition, un extrait en est inséré, à la diligence du Conservateur au Journal Officiel ou dans un journal autorisé à publier les annonces légales. Un placard reproduisant cette insertion est adressé par le Conservateur au greffier du tribunal de première instance ou à la justice de paix à compétence étendue, dans le ressort duquel se trouve l'immeuble, pour être affiché en l'auditoire. Constatation est faite de l'accomplissement de cette formalité par l'établissement immédiat d'un certificat transmis au Conservateur dans les vingt-quatre heures de sa rédaction. L'affiche est maintenue 30 jours. D'autres placards identiques, faisant connaître la date de l'affichage au tribunal, sont notifiés par les soins du Conservateur au Procureur de la République. Le certificat d'affichage et l'original de la notification sont annexés au dossier d'immatriculation.

Art.145.- Deux autres placards complétés également par l'inscription de la mention relative à l'affichage sont transmis au Maire de la Commune dans le ressort duquel se trouve l'immeuble, qui procédera sans délai à l'affichage d'un des placards sur l'immeuble à immatriculer, l'autre placard étant affiché à la porte des bureaux de l'autorité administrative concernée. Certificat de ces affichages est immédiatement adressé au Conservateur.

Art.146.- Pendant le délai de 30 jours prévu pour l'affichage de la demande en l'auditoire du tribunal de la justice de paix à compétence étendue, toutes personnes intéressées peuvent intervenir en la procédure, à savoir :

- par opposition, en cas de contestation sur les limites de l'immeuble ;
- par demande d'inscription, en cas de prétentions élevées à l'exercice d'un droit réel susceptible de figurer au titre à établir.

Ces oppositions ou demandes d'inscriptions sont faites, soit par voie de déclarations, orales, reçues par le Conservateur de la propriété foncière et par lui consignées sur un registre spécial, soit par lettres missives recommandées ou non, adressées audit Conservateur et transcrites par ses soins sur le même registre. Les déclarations et les lettres souscrites aux effets ci-dessus doivent contenir l'indication des noms, prénoms, domiciles des intervenants, les causes de l'intervention et l'énoncé des actes, titres ou pièces sur lesquelles elle est appuyée.

Art.147.- Aucune opposition ou demande d'inscription n'est recevable après l'expiration du délai de 30 jours. Toutefois, lorsque le bornage n'aura pu être effectué dans le délai fixé par l'Article 148 ci- après, les personnes intéressées et qui auront été régulièrement convoquées conserveront le droit de former opposition à l'immatriculation jusqu'à la clôture des opérations de bornage qui doit être portée à leur connaissance dans les conditions fixées à l'article ci-après.

Art.148.- *(Loi n°02-08)* Dans le délai de 30 jours assigné pour la révélation des droits des tiers, le Conservateur fait procéder, par l'un des géomètres experts attachés à la Conservation, au bornage de l'immeuble à immatriculer.

La date fixée pour cette opération doit être portée à la connaissance du public 15 jours à l'avance, au moyen :

- d'une insertion dans le Journal Officiel ou dans un journal autorisé à publier les annonces légales ;
- d'un avis transmis aux fins d'affichage au maire de la commune ou au chef de la circonscription administrative où se trouve situé l'immeuble ;
- d'une invitation adressée au Maire ou au Représentant de l'Etat au niveau de la circonscription administrative du lieu où se trouve l'immeuble, d'avoir à assister ou à se faire représenter à l'opération par un agent habitué à cet effet ;

- de convocations personnelles transmises par la voie administrative à chacun des propriétaires limitrophes nommés en la réquisition d'immatriculation à l'effet de s'y trouver également présents ou de s'y faire représenter par un mandataire régulier.

Les pièces justificatives de l'accomplissement de ces diverses formalités restent annexées au dossier de la procédure.

Art.149.- Le bornage est effectué, à la date fixée par le géomètre désigné à cet effet, en la présence du représentant de l'administration et, autant que possible des propriétaires riverains dûment convoqués. Cette opération comporte expressément la reconnaissance des limites par bornes ou clôtures, indiqués au plan joint à la réquisition et à la constatation de l'acquiescement donné par les intéressés à la consécration définitive desdites limites. Si des contestations s'élèvent entre le requérant et l'un des propriétaires riverains, la parcelle litigieuse est, à défaut d'accord amiable, délimitée et bornée sur le terrain et indiquée sur le plan, à toutes fins utiles.

En même temps ou dès l'achèvement du bornage, le géomètre vérifie l'exactitude du levé, rectifie, si les erreurs sont de minime importance, le plan joint à la réquisition et procède aux mensurations nécessaires pour le rattachement du plan aux points de la triangulation les plus voisins ou à des points fixes convenablement choisis susceptibles eux-mêmes d'être rattachés à cette triangulation. La rectification du plan se fera aux frais du requérant.

Art.150.- Séance tenante, le géomètre dresse un procès-verbal faisant connaître : les jour et heure de l'opération ;

- ses nom, prénoms et qualité, avec rappel de sa prestation de serment;
- les noms, prénoms et qualités des assistants, avec indication des motifs de leur présence ;
- la déclaration que les mesures prescrites en vue de la publication ont été régulièrement prises ;
- la description des limites reconnues avec mention de la longueur des côtés, chacun des sommets du polygone formé par l'immeuble étant désigné par un numéro d'ordre :
- l'énonciation sommaire de la nature et de la consistance de l'immeuble ;
- la description des parcelles spécialement délimitées à raison d'une contestation ou la déclaration qu'il ne s'est produit aucune contestation ;
- la mention relative à la signature du procès-verbal par les assistants.

Ce procès-verbal, après clôture, est signé par le géomètre rédacteur et par tous les assistants.

Art.151.- Si l'exécution du bornage révèle, dans les indications de la réquisition des inexactitudes telles qu'elles puissent avoir pour effet d'induire en erreur les tiers avertis par la seule publication d'un extrait qui en a été faite, l'opération est immédiatement suspendue mention des causes de cette suspension est insérée au procès-verbal. Le Conservateur invite alors le requérant à fournir toutes explications ou justifications complémentaires. Suivant les circonstances, la procédure est ensuite reprise, soit à la publication d'un extrait de la réquisition rectifiée, soit à la publication d'un nouvel avis de bornage.

Art.152.- Le procès-verbal de bornage, aussitôt après clôture est remis par le géomètre au Conservateur qui relève au registre des oppositions, pour valoir comme telles, les mentions relatives aux contestations élevées sur le terrain.

Art.153.- Lorsque le bornage d'un immeuble n'a pu être effectué par la faute du requérant dans un délai maximum de 180 jours la réquisition est annulée par le Conservateur, après une sommation sans frais par lui adressée audit requérant au domicile élu, et restée sans effet dans les 30 jours qui suivent sa notification. Cette annulation est prononcée sans recours possible. Elle est notifiée par le Conservateur à tous les intéressés et notamment aux opposants, s'il en existe. Il en est de même lorsque le requérant renonce, en cours de procédure, à poursuivre l'immatriculation.

Art.154.- A l'expiration du délai d'un mois assigné pour la révélation des droits des tiers ou dès réception du procès-verbal de bornage si cette formalité n'a pu être accomplie dans ledit délai, après avoir vérifié à nouveau la régularité de la réquisition et des titres qui y sont annexés, constaté l'accomplissement de toutes les prescriptions destinées à assurer la publicité de la procédure en même temps que l'absence d'oppositions ou de demandes d'inscription au registre spécial, le Conservateur de la propriété foncière procède, si tout est régulier, à l'immatriculation de l'immeuble sur les livres fonciers.

Art.155.- Dans le cas contraire et si l'examen du registre spécial fait ressortir l'existence d'oppositions ou de demande d'inscription, l'immatriculation n'est accordée qu'autant que le requérant rapporte main levée de toutes lesdites oppositions et demandes ou déclare y acquiescer.

A cet effet, une copie de chacune des mentions inscrites au registre des oppositions lui est notifiée par les soins du conservateur, au fur et à mesure de leur inscription.

Art.156.- La mainlevée consiste en une renonciation formelle émanant des auteurs des oppositions aux prétentions par eux émises. L'acquiescement établit l'accord complet des parties sur l'étendue et le mode d'exercice du droit à inscrire. Cet accord ne met fin au litige qu'à la condition de ne porter atteinte ou préjudice à aucun droit reconnu à des tiers dans la réquisition.

Art.157.- Dès que le requérant a fait connaître au Conservateur son refus d'acquiescer aux prétentions des intervenants et l'impossibilité d'obtenir la mainlevée amiable de leurs oppositions ou demandes d'inscription et, au plus tard, 15 jours après l'achèvement de la procédure le dossier constitué est transmis au greffe du tribunal de première instance ou à la justice de paix à compétence étendue du lieu de la situation de l'immeuble.

Art.158.- La procédure suivante sera observée :

Le greffier remet le dossier au juge compétent, qui met les intervenants en demeure de lui faire parvenir leur requête introductive d'instance dans un délai de quinze jours augmenté des délais de distance. Si dans ce délai, la requête introductive d'instance n'est pas produite, le tribunal déclare la réclamation non avenue. La requête introductive d'instance doit contenir, indépendamment d'une élection de domicile au lieu où siège le tribunal ou la justice de paix à compétence étendue, tous les moyens invoqués par l'intervenant et être accompagnée des titres et pièces sur lesquels ils sont fondés. Il est joint un nombre de copies, tant de la requête que de pièces produites, certifiées conformes par ledit intervenant, égal à celui des parties ayant en la cause, un intérêt distinct. Le nombre de copies à fournir est indiqué dans la mise en demeure. Le Juge fait notifier au requérant et à chacun des intéressés une copie de la requête et des pièces jointes et les invite à y répondre par mémoire s'ils le jugent à propos, dans un même délai de quinze jours, augmenté des délais de distance. Les parties sont avisées par lettre du greffier, une semaine au moins à l'avance sauf observation des délais de distance, du jour où l'affaire doit être appelée en audience publique. Elles peuvent présenter au tribunal, soit en personne, soit par un des mandataires autorisés, leurs observations orales, mais seulement sur les points développés dans les requêtes et mémoire en réponse, le jugement est rendu dans le délai maximum d'un mois après conclusions du ministère public, tant en l'absence que présence des parties.

Art.159.- Les Tribunaux de Première Instance ou Juges de Paix à Compétence Etendue statuent au fond dans les formes prévues par la législation en vigueur et prononcent la confirmation des droits ou le rejet des prétentions des intervenants. En cas de confirmation, ils déterminent, s'il y a lieu, dans quelles limites doivent s'exercer, à l'encontre tant du requérant que des autres titulaires de droits réels, les droits reconnus aux intervenants.

Art.160.- La compétence en premier et dernier ressort des juridictions saisies reste celle qui résulte des règles du droit commun applicable en République du Mali. Le délai pour interjection d'appel est fixé par les mêmes règles.

Art.161.- En cas d'appel, le dossier de la procédure remis au Conservateur par le greffier est, sur la demande des parties, transmis, par l'intermédiaire du parquet, au greffe de la cour d'appel, accompagné d'une expédition du jugement critiqué déposé par l'appelant.

Art.162.- Les règles fixées pour la procédure de première instance sont applicables à la procédure d'appel ; les débats devant la cour sont limités aux seuls points développés devant le premier juge.

Art.163.- Les décisions rendues en matière d'immatriculation ne sont susceptibles de recours en cassation que sur pourvoi du ministère public pour violation de la loi ; ce pourvoi est formé par acte au greffe de la cour ou du tribunal qui a rendu la sentence dans le mois après le prononcé et suivi dans les formes accoutumées, sur transmission d'une expédition du pourvoi et du dossier complet de l'affaire.

Art.164.- Après règlement des litiges soulevés par les intervenants au moyen d'un jugement ou arrêt devenu définitif, le dossier de l'affaire est retourné au Conservateur avec une expédition de la décision judiciaire et, s'il y a lieu d'un certificat négatif de recours délivré par le greffier. Dès réception de ces pièces, le Conservateur de la propriété foncière procède à l'immatriculation de l'immeuble sur les livres fonciers, après rectification du bornage et du plan, s'il y a lieu. Toutefois, l'immatriculation ne peut être accordée qu'autant que les droits de requérant n'ont reçu, du fait de la décision judiciaire, aucune modification de nature à rendre la réquisition inacceptable dans les termes où elle a été conçue.

Art.165.- Les notifications à faire aux parties intéressées par les magistrats, fonctionnaires et officiers ministériels, en matière d'immatriculation, sont faites par l'intermédiaire des Administrateurs et des Maires qui en retirent un récépissé et l'adressent à l'auteur de la notification. La minute de la notification et l'accusé de réception sont joints au dossier de la procédure.

Art.166.- Dans tous les cas où une demande d'immatriculation ne peut être accueillie, quelle que soit la cause de l'empêchement et à quelque moment de la procédure qu'il se produise, le Conservateur doit inviter les parties à retirer, contre remise du récépissé, les titres par elles déposés ; il joint, en opérant la restitution, une déclaration écrite faisant connaître les motifs du rejet[10].

---

[10] **L'immatriculation foncière**
Le régime de l'immatriculation foncière est caractérisé par la publicité et la force probante des inscriptions au livre foncier. Cette immatriculation consiste à inscrire sur les livres fonciers, suite à une procédure spéciales de purge, chaque immeuble nettement délimité sur le terrain, sous un nom et un numéro d'ordre unique, avec les déterminations topographiques et juridiques propres et à préciser exactement et définitivement les droits de son propriétaire et des autres ayants droits.

Ainsi, la décision d'immatriculation est l'aboutissement d'un processus long de reconnaissance du droit de propriété à un particulier ou à ses successeurs légaux ou conventionnels sur un immeuble donné.
Ainsi, les objectifs de l'instauration de ce régime d'immatriculation sont:
-L'identification des immeubles et des droits immobiliers y rattachés;
-L'amélioration des structures foncières, notamment dans le domaine rural (remembrement, aménagement hydroagricole, ...)
-La stimulation des transactions sur le marché immobilier;
-La mobilisation des fonds bancaires pour le financement de l'immobilier;
-La maîtrise de l'urbanisation (expropriation, lotissement, morcellement, aménagement urbain ...) ;
-La détermination précise de l'assiette fiscale;
-La conception et la mise à disposition des nappes cadastrales et des documents topographiques.
Ce régime présente les caractéristiques suivantes:
-Il est fondé sur un système de publicité absolue de tous les droits immobiliers et de leurs modifications;
-Il a un effet de purge qui donne à la propriété un point de départ et l'annule de tous les droits réels et charges foncières antérieurs à l'immatriculation et non révélés en temps opportun;
-La décision d'immatriculation prononcée par le Conservateur donne lieu à un titre foncier définitif et inattaquable. A ce propos, il faut différencier l'immatriculation foncière de l'établissement d'un titre foncier, ce dernier pouvant être attaquable.
-Chaque immeuble est individualisé par un nom, et un numéro propre. Les limites de la propriété deviennent nettement déterminées sur les livres fonciers qui comportent l'inscription de tous les droits réels affectant l'immeuble. Ainsi, le titre foncier constitue pratiquement l'état civil de la propriété;
-Les droits inscrits sur le titre ont un effet légal et une force probante entre les parties, vis-à-vis des tiers et auprès des tribunaux.
-Tout droit acquis doit être détenu de la personne précédemment inscrite, ce qui écarte toute usurpation ou prescription. Il ne peut pas y avoir de rupture dans la chaîne des inscriptions.
-Les actes à inscrire sur les livres fonciers sont assujettis à un contrôle préalable de régularité par le Conservateur sous sa propre responsabilité.
-Enfin, ce régime est caractérisé par la mobilisation de la propriété foncière. Cette mobilisation assure la transmission rapide des immeubles et facilite la constitution des gages immobiliers.

Les statuts fonciers et les droits y afférents

L'espace foncier de l'espace OHADA se caractérise également par une pluralité de statuts juridiques de la terre qui se sont constitués tout au long de l'Histoire du pays et dont certains ne procurent pas la stabilité et les garanties nécessaires pour entreprendre des investissements sur le long terme.

La possession

La possession, est une propriété privée qui peut appartenir à titre individuel à une ou plusieurs personnes. C'est le régime foncier le plus répandu en matière de propriété foncière. Il est cependant, confronté aux problèmes de morcellement, de l'indivision et à des insuffisances du système traditionnel d'établissement des actes constitutifs du droit de propriété.

Caractéristiques

La possession est aliénable, prescriptible et saisissable. Cette prescription ne joue pas à l'encontre des immeubles immatriculés. Il peut également faire l'objet de l'expropriation pour utilité publique et peut être soumis à l'immatriculation foncière obligatoire ou facultative.
Ce droit de propriété est garanti par la constitution. Le propriétaire dispose donc, de la faculté de jouir des différents attributs que lui confère ce droit. Toutefois, cette faculté peut être restreinte, notamment dans les cas suivants :

-L'expropriation pour cause d'utilité publique et l'occupation temporaire;
-La suspension provisoire de la faculté de vendre pendant une certaine période, ainsi que l'immatriculation obligatoire des propriétés situées dans les secteurs de remembrement;
-Le prélèvement d'office sur les propriétés en cours de remembrement homologués;
-L'interdiction de lotir, de morceler, de construire ou de démolir sans autorisation administrative préalable;
-L'interdiction de dépôts de réquisitions d'immatriculation et de transactions immobilières dans le périmètre soumis à la délimitation.

Les immeubles domaniaux

Les immeubles domaniaux englobent principalement le Domaine Public de l'État, le Domaine Privé de l'État, le domaine forestier et le domaine maritime.

ONZIEME PARTIE. LA LEGISLATION FONCIERE DU NIGER

Loi n°2008-03 du 30 avril 2008 portant loi d'orientation sur l'urbanisme et l'aménagement foncier

Titre 1 - Dispositions générales

Chapitre 1 - Objet et champ d'application.

Art.1.- La présente Loi d'Orientation sur l'Urbanisme et l'Aménagement Foncier fixe les règles et les procédures de base en matière de planification urbaine et d'urbanisme opérationnel ainsi que de contrôle de l'utilisation du sol urbain.

Art.2.- Les règles et procédures visées à l'article premier ci-dessus, s'appliquent aux territoires ou parties de territoires des communes et communautés urbaines délimités selon des modalités fixées par décret pris en conseil des ministres. Les règles et procédures relatives au contrôle de l'utilisation du sol urbain insti- tuées par la présente loi s'appliquent suivant les cas précisés par décret pris en conseil des ministres aux périmètres définis à l'article 3 ci-dessous. Les règles et procédures qui s'appliquent aux parties des territoires des communes et communautés urbaines non couvertes par l'un des périmètres définis à l'article 3 ci- dessous, sont constituées des règles générales d'urbanisme et des servitudes d'utilité publique fixées par décret pris en conseil des ministres.

Chapitre 2 – Définitions.

On entend par :

- périmètre d'urbanisation (PU) : périmètre se composant d'une partie déjà urbanisée et d'une partie destinée à l'extension urbaine de la localité concernée pour une période de quinze ans. Il constitue le domaine d'appli- cation des règles et procédures relatives à la planification urbaine. Ses limites correspondent à celles indiquées dans le document de planification urbaine prévu à l'article 6 ci-dessous.
- périmètre d'urbanisation à court terme (PUCT) : dans le cas d'une localité non encore dotée d'un document de planification urbaine, périmètre se composant d'une partie déjà urbanisée et d'une partie destinée à l'extension urbaine de la localité concernée pour une période de cinq ans renouvelable une fois. Au terme de la deuxième période quinquennale, la nue de disposer d'un document de planification urbaine.
- périmètre d'intervention foncière (PIF) : espace délimité à l'intérieur d'un périmètre d'urbanisation ou d'un périmètre

d'urbanisation à court terme, qui intègre les zones déjà urbanisées et les zones destinées à l'extension urbaine nécessitant des interventions urbanistiques de la localité concernée. Le périmètre d'intervention foncière est le domaine d'application des règles et procédures relatives à l'urbanisme opérationnel.

- planification urbaine : prospective du devenir d'une localité urbaine à travers laquelle sont définies les perspectives de son développement spatial, économique et social, à moyen et long termes (10-15 ans).
- urbanisme opérationnel : ensemble des actions, mesures et procédures utilisées par l'Etat, les collectivités locales ou leurs mandataires, ou toutes autres per- sonnes publiques ou privées dûment autorisées, en vue de réaliser, en exécution d'un plan d'urbanisme, des opérations d'urbanisme.
- outils de contrôle de l'utilisation du sol urbain : instruments permettant à l'administration de contrôler que la réalisation d'une opération ou d'un ouvrage donné se fait dans le respect des règles d'urbanisme, de l'insertion dans le site, du respect de l'environnement, de la qualité des équipements, ainsi que du respect de certaines normes de construction.

Titre 2 - Planification urbaine.

Chapitre 1 - Règles et procédures de planification urbaine.

Art.4.- Deux types de règles d'urbanisme caractérisent la planification urbaine telle qu'elle est définie à l'article 3 ci-dessus :

- le zonage qui consiste à procéder à un découpage du territoire étudié en différentes zones fonctionnelles déterminant la destination générale des sols au sein dudit territoire. A chaque zone fonctionnelle correspondent un usage do- minant et d'autres usages éventuels, autorisés sous conditions ou non ;
- le règlement d'urbanisme qui fixe les règles applicables aux terrains compris dans les diverses zones du territoire étudié. Ces règles sont relatives notamment à la nature de l'occupation du sol et à la densité des constructions admises dans les différentes zones.

Art.5.- L'élaboration et la révision des plans d'urbanisme, ainsi que les concertations et les enquêtes publiques y relatives sont de la compétence des autorités communales. Le pouvoir d'approbation des plans est de la seule compétence du représentant de l'Etat territorialement compétent.

Chapitre 2 - Documents de planification urbaine.

Art.6.- Les documents de planification urbaine ou « Plans d'urbanisme » sont des documents écrits et graphiques dûment approuvés par l'autorité administrative compétente avec pour but :

- l'aménagement à moyen et long terme des espaces urbains auxquels ils s'appliquent à l'intérieur des périmètres d'urbanisation ;
- l'établissement de programmes d'investissements urbains prioritaires à court terme (cinq ans) ;
- la fixation des règles générales et des servitudes d'utilisation du sol urbain.

Art.7.- Les principaux plans d'urbanisme sont le plan urbain de référence (PUR) et le plan d'occupation des sols (POS). Le plan urbain de référence (PUR) est un document simplifié de planification urbaine qui fixe le cadre général de l'aménage- ment des territoires délimités à l'intérieur des périmètres d'urbanisation pour une période de quinze ans, notamment en ce qui concerne l'extension et le réaménage- ment du tissu urbain existant. Il sert ainsi de référence pour la programmation des investissements urbains prioritaires. Spécifiquement, le PUR :

- définit les directions préférentielles et les limites des extensions urbaines nécessaires à la croissance de la localité dans un horizon de quinze ans ;
- préconise les différentes actions et me- sures à mener durant cette période en vue d'améliorer le cadre urbain existant et de répondre aux besoins nouveaux résultant de la croissance urbaine : habitat, infrastructures, équipements ;
- définit le programme d'investissements urbains prioritaires à court terme (cinq ans) de la localité étudiée ;
- délimite les périmètres d'intervention foncière à l'intérieur desquels sont entreprises diverses opérations d'urbanisme. Le plan d'occupation des sols (POS) fixe, dans la zone urbanisée du périmètre d'intervention foncière et dans le cadre des orientations du plan urbain de référence, les règles générales et les servitudes d'utilisation des sols qui peuvent notamment comporter l'interdiction de construire.

Art.8.- L'élaboration du plan urbain de référence incombe à la collectivité locale concernée qui en assure le financement dans les conditions définies par les textes réglementaires. L'Etat apporte son concours financier et/ou technique à la réalisation du plan urbain de référence. En outre, dans des cas particuliers précisés par décret pris en conseil des ministres, l'Etat peut directement réaliser le plan urbain de référence. Dans ce cas, les collectivités locales concernées sont associées à la réalisation dudit document.

Art.9.- L'élaboration du plan d'occupation des sols incombe conjointement à l'Etat et à la collectivité locale concernée qui en assurent le financement dans les conditions définies par les textes réglementaires.

Art.10.- Une fois élaborés, les plans d'urbanisme sont adoptés par délibération du conseil municipal ou du conseil de la communauté urbaine, après avis conforme de l'organe consultatif local en matière d'urbanisme.

Art.11.- Après adoption par le conseil, les plans d'urbanisme sont approuvés par arrêté du représentant de l'Etat territorialement compétent. Cette approbation a pour effets de :

- rendre exécutoires les plans d'urbanisme pour la mise en œuvre de leurs dispositions ;
- les déclarer d'utilité publique ;
- donner à la Puissance Publique la possibilité d'utiliser la procédure d'expropriation pour cause d'utilité publique pour l'acquisition des terrains ou immeubles nécessaires à la mise en œuvre des plans.

Art.12.- Les modalités d'élaboration, d'approbation, de mise en vigueur et de révision des plans d'urbanisme sont fixées par décret pris en conseil des ministres.

Titre 3 - Urbanisme opérationnel. Règles et procédures de l'urbanisme opérationnel.

Art.13.- Trois types de règles d'aménagement caractérisent l'urbanisme opérationnel :

- le découpage de l'espace considéré qui consiste à répartir suivant des normes ou ratios d'aménagement établis, les terrains et/ou les constructions réservés à des équipements publics ou à des usages collectifs et ceux destinés à une utilisation privative, ainsi que les plantations à conserver ou à créer. Les terrains et/ou les constructions réservés aux équipements publics ou aux usages collectifs ne peuvent être utilisés qu'à des fins d'intérêt général. Par conséquent, ils ne peuvent faire l'objet de cessions à titre onéreux ou gratuit.
- le règlement d'application du plan d'aménagement de la zone considérée qui est envisagé lorsque qu'il est nécessaire d'apporter des compléments aux règles d'urbanisme en vigueur. Dans ce cas, le règlement d'application fixe des règles plus strictes que les règles d'urbanisme en vigueur.
- le cahier de charges qui détermine les relations contractuelles des aménageurs et des acquéreurs de parcelles ou d'immeubles dans le cadre de la mise en œuvre des opérations d'urbanisme concernées.

Art.14.- L'élaboration des plans d'aménagement peut intervenir sur initiative tant publique que privée. Toutefois, le pouvoir d'approbation des plans est de la seule compétence du représentant de l'Etat territorialement compétent.

Art.15.- L'initiative de la modification des plans d'aménagement en matière de lotissement peut provenir soit des acquéreurs de lots, soit du lotisseur. Le pouvoir d'approbation de ladite modification relève du seul représentant de l'Etat territorialement compétent.

Chapitre 2 - Opérations d'urbanisme.

Section 1 - Opérations d'urbanisme en tissus neufs ou d'extension.

Art.16.- Les opérations en tissus neufs ou d'extension visent la production de terrains urbains à bâtir. Elles sont réalisées en suivant l'une ou l'autre des deux procédures décrites aux articles 17 et 18 ci-dessous. Ces deux procédures peuvent être mises en œuvre séparément ou conjointement au sein d'un même périmètre d'intervention foncière.

Art.17.- La production de terrains à bâtir selon « la procédure par équipement », vise à mettre en place, préalablement à toute division parcellaire d'un terrain, un réseau minimum d'infrastructures. Cette procédure correspond à une production de grands îlots de terrains ou « grandes mailles urbaines », prêtes à être loties. Les travaux d'équipement minimum de l'opération d'urbanisme incombent, selon les cas, à l'Etat, à la collectivité locale ou à l'opérateur agréé par l'Etat. Dans ce der- nier cas, l'Etat s'assure, lors de l'approbation du dossier, de la compatibilité de l'opération avec le plan d'urbanisme. Après réalisation par l'Etat, la collectivité locale ou l'opérateur agréé par l'Etat des équipements minimums, les grands îlots délimités par le plan d'aménagement général peuvent être cédés à un ou plusieurs opérateurs aux fins d'aménagements de détail et de divisions parcellaires ou de réalisation de programmes de constructions, suivant des plans spécifiques d'aménagement préalablement approuvés.

Art.18.- La production de terrains à bâtir selon la « procédure de lotissement », que le lotissement soit public ou privé, vise à procéder à une division parcellaire d'un terrain situé dans un périmètre d'intervention foncière en vue de l'implantation de bâtiments à usage d'habitation, de commerce, d'artisanat ou d'industrie.

Section 2 - Opérations d'urbanisme en tissus existants.

Art.19.- Les opérations d'urbanisme en tissus existants visent le réaménagement de terrains urbains existants. Ce réaménage- ment est effectué au moyen de l'une des trois catégories d'opérations d'urbanisme ci-dessous :

- les opérations de rénovation urbaine qui visent à reconstruire des immeubles ou des îlots plus adaptés à la place d'espaces et/ou de locaux dont la fonction et le fonctionnement sont jugés non conformes aux préoccupations du moment : immeubles ou îlots vétustes et/ou insalubres, fonctions incompatibles avec l'environnement urbain.

- les opérations de restructuration/régularisation foncière qui visent, selon les cas, à améliorer le cadre de vie urbain par l'implantation d'équipements collectifs ou d'infrastructures inexistantes ou insuffisantes, à régula- riser la situation foncière à l'intérieur du périmètre d'intervention foncière ou à œuvrer pour la réalisation des deux objectifs à la fois. Ces opérations portent sur des quartiers d'occupation irrégulière ou de noyaux villageois anciens et/ou péri-urbains.
- les opérations de réhabilitation urbaine qui visent une amélioration qualitative et/ou quantitative des équipements et infrastructures de voirie et réseaux di- vers dans un quartier à trame régulière.

Art.20.- Les conditions de réalisation des opérations d'urbanisme telles qu'elles sont décrites aux articles 17, 18 et 19 ci-dessus, sont fixées.

Chapitre 3 - Documents d'urbanisme opérationnel.

Art.21.- Les documents d'urbanisme opérationnel ou « Plans d'aménagement » sont constitués de documents écrits et graphiques qui traduisent l'ensemble des actions ou mesures susceptibles d'être entreprises par l'Etat, les collectivités locales ou leurs mandataires, en vue de réaliser des objectifs d'aménagement urbain définis par les plans d'urbanisme. Les plans d'aménagement servent de sup- ports aux opérations d'urbanisme définies aux articles 17, 18 et 19 ci-dessus.

Art.22.- Le plan d'aménagement institué est appelé plan d'aménagement de zone (PAZ). Le PAZ constitue le cadre de cohérence des opérations d'urbanisme définies aux articles 17, 18 et 19 ci-dessus. En tant que document subordonné au plan d'urbanisme, le PAZ doit justifier, lors de son élaboration, de sa cohérence avec les options majeures de ce plan.

Art.23.- L'élaboration du PAZ incombe à la personne publique ou privée initiatrice de l'opération d'aménagement concernée qui en supporte tous les frais et charges dans les conditions définies par les textes réglementaires.

Art.24.- Une fois élaboré, le PAZ est adopté par délibération du conseil municipal ou du conseil de la communauté urbaine lorsque l'opération est initiée par la collectivité.

Art.25.- Après adoption par le conseil, le PAZ est approuvé par arrêté du représentant de l'Etat territorialement compétent, lorsque l'opération est de type « production de terrains urbains à bâtir ».

Toutefois, lorsque l'opération est de type « réaménagement de terrains urbains existants », l'approbation du PAZ, après adoption par le conseil, intervient par arrêté du ministre chargé de l'urbanisme.

Cette approbation a pour effets de :

- rendre exécutoires le PAZ pour la mise en œuvre de ses dispositions;
- le déclarer d'utilité publique ;
- donner à la puissance publique la possibilité d'utiliser la procédure d'expropriation pour cause d'utilité publique en vue de l'acquisition des terrains ou immeubles nécessaires à la mise en œuvre du PAZ.

Art.26.- Les modalités d'élaboration, d'approbation, de mise en vigueur et de révision des plans d'aménagement sont fixées par décret pris en conseil des ministres.

Titre 4 - Contrôle de l'utilisation du sol urbain.

Chapitre 1 - Règles et procédures de contrôle de l'utilisation du sol urbain.

Art.27.- Les outils de contrôle de l'utilisation du sol urbain visés à l'article 29 ci-dessous, sont délivrés sur la base des dispositions d'urbanisme contenues dans les plans d'urbanisme et les plans d'aménagement. A défaut desdits plans, cette délivrance se fait sur la base des règles générales d'urbanisme et des servitudes d'utilité publique qui s'appliquent à l'ensemble du territoire.

Art.28.- La délivrance des outils de contrôle de l'utilisation du sol urbain est assurée, après instruction du dossier, par le représentant de l'Etat territorialement compétent. L'instruction des demandes d'utilisation du sol urbain est assurée par le service dé- concentré de l'urbanisme. La collectivité territoriale sur le territoire de laquelle se situe l'opération ou la construction concernée est associée à la procédure conformément aux textes réglementaires en la matière.

Chapitre 2 - Outils de contrôle de l'utilisation du sol urbain.

Art.29.- Les outils de contrôle de l'utilisation du sol urbain sont :

- le certificat d'urbanisme (CU) qui per- met d'informer le constructeur sur les possibilités de construction que lui offre son terrain ;
- le permis de construire (PC) pour le contrôle préalable à l'acte de bâtir ;
- le certificat de conformité (CC) pour le contrôle postérieur à l'achèvement de la construction.

Art.30.- Les modalités de délivrance des outils de contrôle de l'utilisation du sol urbain sont fixées par décret pris en conseil des ministres.

Art.30.- Les modalités de délivrance des outils de contrôle de l'utilisation du sol urbain sont fixées par décret pris en conseil des ministres.

Art.31.- Les règles et procédures d'urbanisme définies par la présente loi s'imposent à tous les acteurs urbains, publics et privés.

Art.32.- Le suivi de l'application des règles générales d'urbanisme ainsi que des règles et procédures d'urbanisme découlant des plans d'urbanisme et d'aménagement, relève des autorités administratives compétentes : communes et communautés urbaines, représentants de l'Etat territorialement compétents, Ministère chargé de l'urbanisme.

Art.33.- La violation des règles et procédures d'urbanisme est une cause de nullité des opérations entreprises. La décision d'annulation est prise après constat dressé par les services de l'urbanisme par arrêté du Ministre chargé de l'urbanisme ou par délégation, par arrêté du Représentant de l'Etat territoriale- ment compétent. Cette annulation ne donne droit à aucune indemnisation quelles que soient les conséquences qui en résulteraient pour l'auteur et le complice de l'infraction.

Art.34.- La violation des règles et procédures d'urbanisme entraîne en outre des sanctions pénales devant les juridictions répressives. Ainsi, est puni :

- d'une peine d'emprisonnement d'un mois à trois mois et d'une amende de

  500.000 à 1.000.000 FCFA ou de l'une des deux peines seulement, quiconque aura violé un plan d'urbanisme ou un plan d'aménagement : lotissement, autres opérations d'urbanisme ;

- d'une peine d'emprisonnement de trois mois à six mois et d'une amende de1.000.000 à 5.000.000 FCFA ou de l'une des deux peines seulement, qui- conque aura exécuté des travaux en violation de l'autorisation délivrée : permis de construire, autorisations de lotissement et autres autorisations d'occuper le sol urbain ;

- d'une peine d'emprisonnement de six mois à douze mois et d'une amende de 5.000.000 à 10.000.000 FCFA ou de l'une des deux peines seulement, qui- conque aura démarré des travaux sans autorisation préalable ou les aura main- tenus malgré la défense faite dans les mêmes conditions. Le double de la peine encourue est prononcé en cas de récidive. Les peines d'amende sont prononcées à l'encontre des personnes morales, de droit public et privé.

Les peines d'emprisonnement sont prononcées à l'encontre des personnes responsables des institutions en cause, des parti- culiers et de leurs complices. Lorsque les responsables mis en cause ont le statut d'agents publics de l'Etat ou des Collectivités territoriales, il peut en outre leur être appliqué des sanctions administratives pouvant aller jusqu'à la radiation de la fonction publique.

Art.35.- Les sommes dues au titre du pro- duit des amendes concédées aux institutions et personnes visées à l'article 36 ci- dessous, sont perçues auprès du Trésor National. Les modalités de liquidation et de recouvrement du produit des amendes sont définies par arrêté conjoint du Ministre chargé de l'urbanisme et du Ministre chargé des finances.

Art.36.- Le produit des amendes est réparti comme suit :

- 50 % au Trésor national ;
- 10 % au Fonds Spécial d'Etudes et de

Contrôle (FSEC) ;

- 20 % aux agents du ministère chargé de l'urbanisme et de l'aménagement foncier ;
- 20 % à la Collectivité locale si celle-ci n'est pas l'auteur de l'infraction.

Dans le cas où la collectivité est auteur de l'infraction, la répartition de la part devant revenir à celle-ci se fait selon la clé de ré- partition suivante :

- 70 % au Trésor National10 % au Fonds Spécial d'Etudes et de Contrôle (FSEC) ;
- 20 % aux agents du ministère chargé de l'urbanisme et de l'aménagement foncier.

Un arrêté du Ministre chargé de l'Urbanisme fixe les modalités de répartition de la part alloué aux agents dudit Ministère.

Art.37.- En sus des peines spécifiées à l'article 34 ci-dessus, le gouverneur ou le préfet peut ordonner la remise en état des lieux, l'exécution d'ouvrages ou travaux d'aménagement visant à réparer les infractions causées

Art.38.- La recherche et la répression des auteurs des infractions prévues à l'article 34 ci-dessus sont soumises aux dispositions du Code de procédure pénale.

Ces infractions sont constatées par procès- verbaux établis par les officiers de police judiciaire et les agents des services techniques chargés de l'urbanisme et de l'aménagement foncier, lesquels peuvent s'introduire pour ce faire, munis des signes distinctifs de leur fonction, dans les propriétés publiques ou privées.

Les procès- verbaux sont notifiés au contrevenant. Copies en sont faites et transmises au gouverneur, au préfet et aux présidents des conseils des collectivités territoriales concernées. Les actions et poursuites sont exercées devant les juridictions répressives par le représentant du service de l'urbanisme et de l'aménagement foncier, sans préjudice des prérogatives du ministère public[11].

[11] **Le Domaine Public de l'État**

a-Définition

Le Domaine Public de l'État comprend toutes les parties du territoire, tous les ouvrages et tous les biens immobiliers naturels (rivage de mer, zones désertiques, eau sous toutes ses formes) ou artificiels (voies de communication, canaux, ports ...), qui ne peuvent faire l'objet d'une appartenance privée et dont l'usage est public.

b-Caractéristiques

Le Domaine Public de l'État est inaliénable, imprescriptible, insaisissable et non soumis à l'expropriation pour utilité publique. Il peut être occupé temporairement, délimité administrativement et déclassé en Domaine Privé selon la procédure réglementaire d'usage. Il contient principalement les composantes suivantes:

-Le rivage de mer jusqu'à la limite des plus hautes marées, ainsi qu'une zone de six mètres mesurée à partir de cette limite

-Les rades, ports, havres et leurs dépendances;

-Les phares, fanaux, balises et généralement tous les ouvrages destinés à l'éclairage et au balisage des côtes et leurs dépendances;

-Toutes les nappes d'eau, qu'elles soient superficielles ou souterraines, les cours d'eau et les sources de toute nature;

-Les lacs, étangs, lagunes, salants et marais de toute espèce. Sont considérés comme rentrant dans cette catégorie, les parcelles qui, sans être couvertes d'une façon permanente par les eaux, ne sont pas susceptibles en année ordinaire d'utilisation agricole ;

-Les puits artésiens jaillissants; les puits et abreuvoirs publics;

-Les canaux de navigation, d'irrigation ou de dessèchement exécutés comme travaux publics;

-Les digues, barrages, aqueducs, canalisations et autres ouvrages exécutés comme travaux publics en vue de la défense des terres contre les eaux, de l'alimentation des centres urbains ou de l'utilisation des forces hydrauliques;

-Les routes, rues, chemins et pistes, les chemins de fer ou tramways, les ponts et généralement les voies de communication de toute nature à l'usage public;

-Les lignes télégraphiques et téléphoniques, les pylônes de la télégraphie sans fil;

-Tous les ouvrages de défense et de fortification des places de guerre ou des postes militaires et l leurs dépendances.

-Le lit des cours d'eau permanents et non permanents ainsi que leurs sources;

-Les berges jusqu'au niveau atteint par les eaux avant le débordement et en outre, dans les parties des cours d'eau soumises à l'influence des marées, toutes les surfaces couvertes par les marées de coefficient 120 ;

-Les francs-bords.

Le Domaine Privé de l'État

a-Définition

Le Domaine Privé de l'État est constitué de tous les biens que possèdent les collectivités publiques et qui ne sont ni affectés à l'usage direct du public ni à un service public. On y trouve ainsi des biens désaffectés ou qui n'ont pas reçu d'affectation, telles que les terres de colonisation récupérées par l'État depuis les indépendances, les terres désertes et incultes, les biens vacants et sans maître, les bâtiments de l'administration qui n'ont pas reçu d'aménagement spécial, ... etc.

La consistance du Domaine Privé de l'État est déterminée par une procédure administrative unilatérale organisée.

Le Domaine Privé de l'État provient de sources diverses:

-acquisition amiable;

-expropriation : confiscation, nationalisation, utilité publique ... ;

-déclassement du Domaine Public;

-successions vacantes.

b-Caractéristiques

Le Domaine Privé de l'État est insaisissable du moment que l'État est supposé être toujours solvable.

Il est non expropriable, car il semble aberrant que l'État s'exproprie lui-même, et aliénable sous certaines conditions qu'il convient de citer comme suit:

-Dans l'urbain: l'autorisation de vendre st donnée par arrêté du ministre des Finances ou par décret du Premier ministre selon que la valeur de l'immeuble.
En conséquence, les terres du DPE situées en zone rurale ne peuvent être cédées qu'aux attributaires de lots de la réforme agraire ou aux investisseurs sur attestation de vocation non agricole délivrée par le ministre de l'Agriculture ou selon les dispositions des codes des investissements et autorise la cession de terrains destinés à supporter des projets non agricoles.

Troisième partie

Le domaine forestier

a-Définition

Le domaine forestier relève du Domaine Public de l'État, il comprend les forêts domaniales, les mappes alfatières, les dunes, les maisons forestières et leurs annexes, les plantations et pépinières créées dans les forêts domaniales, les terrains domaniaux reboisés et les terrains acquis en vue de leurs reboisements.

b-Caractéristiques

Le domaine forestier présente les caractéristiques suivantes:
-Il est inaliénable sauf déclassement du Domaine Public au Domaine Privé de l'État;
-Il est géré par l'autorité gouvernementale chargée des forêts;
-Les biens collectifs soumis au régime forestier ne peuvent être aliénés qu'avec l'autorisation préalable du ministre chargé des forêts;
-Les ressources provenant du domaine forestier compris dans les limites territoriales de la commune, sont versées au budget de ladite commune;
-Le domaine forestier peut être délimité conformément au code domanial et foncier, comme il peut être immatriculé. La délimitation et l'immatriculation sont gratuites.

Le domaine maritime

a-Définition

Le Domaine Public maritime, dont la notion juridique remonte à Colbert, est constitué pour l'essentiel du rivage de la mer (donc de la plus grande partie des plages) et du sol et sous-sol de la mer jusqu'à la limite des eaux territoriales. Dans l'espace OHADA, le Domaine Public maritime ne couvre pourtant pas la mer territoriale. Parmi les usages normaux du Domaine Public maritime entre lesquels l'administration est amenée à arbitrer, on peut citer: l'usage balnéaire pour les plages; l'accueil de cultures marines sur les espaces propices ; l'implantation d'ouvrages portuaires et de sécurité maritime; enfin, le maintien comme espace naturel.

b-Composition

Le Domaine Public maritime naturel englobe : le sol et sous-sol de la mer, compris entre la limite haute du rivage, et la limite, côté large, de la mer territoriale ; les étangs salés en communication naturelle avec la mer; les lais et relais de mer.

Ces éléments sont déterminés par la simple constatation de leur situation par rapport à des phénomènes naturels présents (le rivage de la mer) ou passés (les lais et relais de la mer). Le rivage, comme lais et relais peuvent faire l'objet d'une délimitation côté terre.

Par contre, le domaine maritime artificiel est constitué : des ouvrages portuaires et de leurs dépendances; des ouvrages liés à la navigation (phares, ...).

Ces éléments correspondent plus à la définition jurisprudentielle classique du Domaine Public, à savoir des dépendances appartenant à la collectivité publique, affectées à un service public ou à l'usage du public et aménagées spécialement à cet effet.

DOUZIEME PARTIE. LA LEGISLATION FONCIERE DU SENEGAL

Loi n° 2011-07 du 30 mars 2011 portant régime de la Propriété foncière

EXPOSE DES MOTIFS

Le régime de la propriété foncière est organisé au Sénégal par le décret du 26 juillet 1932 qui a instauré définitivement le système de l'immatriculation des terres et des livres fonciers. Son introduction au Sénégal est fort ancienne puisqu'elle remonte au décret du 20 juillet 1900 abrogé et remplacé par le décret du 24 juillet 1906, lui-même abrogé et remplacé par celui du 26 juillet 1932. Ce régime a pour but d'organiser la propriété foncière en assurant aux titulaires la garantie des droits réels qu'ils possèdent sur les immeubles, et en leur délivrant un titre foncier définitif et inattaquable. Il permet de mettre à la disposition du public toutes les informations relatives à la propriété immobilière, de faciliter les transactions et d'assurer la sécurité du crédit. Bien que le régime de la propriété foncière ait subi des modifications en fonction de l'évolution juridique qui s'est produite depuis notre accession à l'indépendance, il s'avère, après plusieurs décennies de pratique, que cette réglementation doit être réactualisée pour être mise en harmonie avec notre arsenal juridique. Elle doit être modernisée et mise en adéquation avec nos réalités économiques et sociales, en assurant notamment la célérité dans les procédures. Aussi, des modifications de fond, outre celles de pure forme, sont-elles apportées au régime de la propriété foncière, tel qu'il est organisé par le décret du 26 juillet 1932.

I – Modifications de forme

En vertu des dispositions combinées des articles 43, 67 et 76 de la Constitution, la loi détermine entre autres les principes fondamentaux du régime de la propriété foncière et des droits réels, les matières qui ne sont pas du domaine législatif ayant un caractère réglementaire.

L'application de ces règles s'est traduite par le regroupement des dispositions du décret foncier relatives aux principes fondamentaux de la propriété et des droits fonciers dans le présent projet de loi. Les dispositions à caractère réglementaire seront reprises dans un décret. Ce travail d'ordonnancement est accompagné d'une toilette du texte ancien pour en supprimer les parties entachées d'anachronisme. Ainsi toutes les références au statut colonial sont supprimées tant au niveau des institutions que des personnes et des biens fonciers.

II – Modifications de fond

Personnes autorisées à requérir l'immatriculation :

Il résulte de l'article 4 du décret du 26 juillet 1932 que « l'immatriculation des immeubles aux livres fonciers est autorisée, quel que soit l'état ou le statut des propriétaires ou détenteurs ». Cette possibilité est écartée par l'article 3 de la loi n° 64-46 du 17 juin 1964, relative au domaine national dès lors que sous réserve des mesures transitoires prévues par l'article 3 de cette loi, seul l'Etat peut désormais requérir une immatriculation au livre foncier.

Caractère facultatif de l'immatriculation :

Aux termes de l'article 5 du décret foncier « l'immatriculation est facultative. Exceptionnellement elle est obligatoire :

1° dans le cas d'aliénation ou de concession des terres domaniales ;2° dans le cas où un immeuble, détenu jusque-là dans les formes admises par les coutumes indigènes, doit faire, pour la première fois, l'objet d'un contrat écrit, rédigé en conformité avec les principes du droit français. Dans ces deux cas, la formalité doit précéder la passation de l'acte qui consacre l'accord définitif des parties, à peine de nullité dudit acte ». Si depuis l'avènement du régime, le principe du caractère facultatif de l'immatriculation demeure, la portée des exceptions prévues par l'article 5 du décret foncier a été profondément modifiée par la loi 64-46 du 17 juin 1964 relative au domaine national qui a supprimé le système de la tenure coutumière des terres, de même que celui de la transcription. De, plus l'article 380 du Code des Obligations civiles et commerciales a sérieusement modifié la portée de ces exceptions. En effet cet article rend obligatoire l'immatriculation de tout immeuble pour la validité des conventions constituant ou transférant un des droits protégés par le régime de l'immatriculation foncière. Le projet de loi maintient le principe du caractère facultatif de l'immatriculation tout en la rendant exceptionnellement obligatoire pour la validité des conventions constitutives ou translatives de droits réels. Législation applicable aux immeubles immatriculés :

L'article 19 du décret foncier soumet les immeubles et les droits réels qui s'y rapportent, d'une façon générale, aux dispositions du Code civil et des lois françaises encore applicables au moment de son avènement. Il va de soi que cette disposition doit être révisée en fonction de l'évolution juridique qui s'est produite depuis l'accession du Sénégal à la souveraineté. En matière immobilière notamment, les lois et codes sénégalais particulièrement le Code des Obligations civiles et commerciales, le Code de la Famille et le Code de Procédure civile ont remplacé les lois françaises. Le projet de loi soumet donc les immeubles immatriculés et les droits y afférents aux dispositions légales et réglementaires en vigueur.

Immatriculation des immeubles :

En vertu des dispositions de l'article 86 du décret du 26 juillet 1932, sont seuls susceptibles d'immatriculation sur les livres fonciers, les fonds de terre bâtis ou non bâtis. Par l'effet de la loi 64-46 du 17 juin 1964 relative au domaine national sont seules susceptibles d'immatriculation aux livres fonciers les dépendances du domaine national en nature de terrains bâtis ou non bâtis. Le présent projet de loi apporte donc cette précision.

Opposition à immatriculation et de demande d'inscription :

Sous l'empire du décret du 26 juillet 1932, toutes les personnes intéressées peuvent intervenir dans la procédure d'immatriculation par voie d'opposition ou de demande d'inscription. L'opposition est une contestation sur l'existence ou les limites du droit de propriété du requérant à l'immatriculation d'un immeuble. Son admission a pour effet le rejet de la demande d'immatriculation ou la modification des limites de l'immeuble La demande d'inscription tend à faire inscrire un droit réel sur le titre foncier au moment de sa création.

Actuellement, les oppositions à immatriculation ne peuvent concerner que les immatriculations des terrains du domaine national engagés au nom de l'Etat détenteur de ce domaine. Au regard des dispositions de la loi n° 64-46 du 17 juin 1964 relative au domaine national, l'opposition ne peut plus avoir de fondement juridique. Le présent projet de loi supprime l'opposition à immatriculation, et conséquemment, la demande d'inscription. Publicité des droits réels :

La publicité foncière est définie comme l'ensemble des règles, des techniques et des modalités de leur mise en œuvre qui concourent, en vue, généralement de la production d'effets de droit, à assurer, la constitution, la conservation et la délivrance d'informations juridiques sur les immeubles. Elle tend à la détermination précise et à la consolidation de la situation juridique des immeubles soumis à ce régime et du patrimoine immobilier des personnes. De ce fait, elle est strictement nécessaire à la sécurité aussi bien des transactions immobilières que du crédit garanti par les immeubles. Le présent projet de loi n'apporte pas de changements notables à la publication des droits réels ni aux effets fondamentaux de l'immatriculation foncière. Demeurent toujours maintenus :

1° le principe de l'intangibilité tant matérielle que juridique du titre foncier.

L'immatriculation d'un immeuble au livre foncier est précédée d'une vaste publicité et exige l'observation des formalités multiples et minutieuses destinées à sauvegarder les droits des tiers.

Il est donc normal qu'une fois l'immatriculation opérée, il ne soit plus possible de revenir sur la situation de l'immeuble, tant sur ses limites que sur le droit de propriété consacré. Dès lors, le caractère définitif et inattaquable n'est réservé qu'aux droits réels reconnus après une procédure qui permette aux tiers d'en discuter le bien fondé. Ce principe est posé par les articles 6, 42 et 43 du présent projet de loi.

2° le principe de l'inexistence de droit réel sans inscription.

Ce principe est le fondement du régime, il assure la conservation des avantages acquis de l'immatriculation et garantit la sécurité des transactions à venir. Il résulte de ce principe que tous les droits réels révélés par l'immatriculation sont inscrits aux livres fonciers où toute personne intéressée peut en prendre connaissance. Au surplus, toutes les modifications qui affectent ces droits réels doivent être également publiées aux livres fonciers pour être opposables aux tiers. En d'autres termes, un droit réel n'existe que tout autant qu'il a été rendu public et il existe tout le temps qu'il reste inscrit. Le régime de l'immatriculation foncière proscrit les causes occultes d'acquisition ou d'extinction de droits réels sur les immeubles immatriculés. C'est ainsi qu'il n'admet pas la prescription comme mode d'acquisition ou de libération de droits réels ou charges grevant les immeubles immatriculés. Toutefois, la prescription acquisitive est reconnue à l'Etat et à l'Etat seul en ce qui concerne les immeubles abandonnés pendant trente années consécutives par les leurs occupants légitimes. Telle est l'économie du présent projet de loi. L'Assemblée nationale a adopté, en sa séance du mardi 22 février 2011 ; Le Sénat a adopté, en sa séance du vendredi 18 mars 2011 ; Le Président de la République promulgue la loi dont la teneur suit :

TITRE PREMIER. – ORGANISATION DU REGIME DE LA PROPRIETE FONCIERE Chapitre premier. – Organisation du régime foncier

Section 1ère. – Du but de l'Institution.

Article premier. – Le service de la conservation de la propriété et des droits fonciers assure aux titulaires la garantie des droits réels qu'ils possèdent sur les immeubles soumis au régime de l'immatriculation, dans les conditions déterminées par la présente loi.

Art. 2. – Cette garantie est obtenue au moyen de la publication sur les livres fonciers, à un compte particulier ouvert pour chaque immeuble, de tous les droits réels qui s'y rapportent, ainsi que des modifications de ces mêmes droits, ladite publication étant précédée de la vérification des justifications produites et faisant foi à l'égard des tiers.

Art. 3. – Pour permettre cette publication, les immeubles doivent être, à la suite d'une procédure spéciale, préalablement immatriculés sur les livres fonciers.

Art. 4. – Seul l'Etat est autorisé à requérir l'immatriculation des immeubles aux livres fonciers. Les terres du domaine national sont immatriculées dans les formes et conditions fixées par la réglementation prise en application de la loi n° 64-46 du 17 juin 1964 relative au domaine national et de la présente loi. Les immeubles du Code civil sont immatriculés au vu du décret constatant la déchéance des droits y inscrits, les incorporant dans le domaine national et en prescrivant l'immatriculation au nom de l'Etat. Les immeubles du domaine public déclassés et incorporés dans le domaine national visés à l'article 19 du Code du domaine de l'Etat, sont immatriculés dès réception par le Conservateur de la réquisition d'immatriculation. Les immeubles visés à l'article 27 du Code du domaine de l'Etat, sont immatriculés sur simple réquisition et sans formalités préalables à la création du titre foncier.

Art. 5. – L'immatriculation est facultative. Exceptionnellement, elle est obligatoire pour la validité des conventions constituant, modifiant ou transférant un des droits énumérés à l'article 19 de la présente loi.

Art. 6. – L'immatriculation est définitive Aucun immeuble immatriculé ne peut être soustrait au régime ainsi adopté pour être placé à nouveau sous l'empire de celui auquel il était soumis antérieurement.

Section 2. - Des Bureaux de la Conservation.

Art. 7. – Les bureaux de la Conservation de la Propriété et des Droits fonciers sont créés dans des conditions fixées par décret. Il en est de même des limites territoriales dans lesquelles chaque bureau est compétent.

Art. 8. – Les règles de fonctionnement de ces bureaux sont également fixées par décret.

Section 3. – Des conservations.

Art. 9. – Les chefs de Bureaux de Conservation foncière portent le titre de Conservateurs de la

Propriété et des Droits fonciers.

Art. 10. – Les Conservateurs de la Propriété et des Droits fonciers sont chargés notamment :

1) de la suite à donner aux demandes d'immatriculation et de la formalité de l'immatriculation sur les livres fonciers ;

2) de l'inscription à la suite des titres fonciers et des copies de ces titres des droits réels constitués sur les immeubles immatriculés et devant, pour ce motif, être publiés ;

3) de la conservation des actes et plans relatifs aux immeubles immatriculés et de la communication au public des renseignements contenus dans leurs archives et relatifs aux propriétés immatriculées.

Section 4. – Des livres fonciers et des documents annexes.

Art. 11. – Les livres fonciers sont affectés, à raison d'une feuille ouverte par immeuble, à l'enregistrement spécial prévu à l'article 3, sous le nom d'immatriculation et à l'inscription ultérieure, en vue de leur conservation dans le sens de l'article premier, des droits réels soumis à la publicité.

Art. 12. – L'ensemble des mentions consignées sur une feuille ouverte des livres fonciers constitue le titre foncier de l'immeuble auquel elles s'appliquent. Les mentions du titre foncier sont appuyées et complétées par l'adjonction de bordereaux analytiques, établis par le Conservateur, des actes et pièces produits comme justification des droits réels publiés.

Art. 13. – A chaque titre foncier correspond, dans les archives de la conservation foncière, un dossier comprenant :

1) les pièces de la procédure d'immatriculation, de morcellement ou de fusion ;

2) le plan définitif de l'immeuble ;

3) la série des bordereaux analytiques successivement établis ;

4) les actes et pièces analysés aux dits bordereaux.

Art. 14. – Tout immeuble immatriculé au livre foncier est désigné par le numéro du titre foncier qui le concerne.

Art. 15. – Outre les livres fonciers et les dossiers correspondants, les Conservateurs de la Propriété et des droits fonciers tiennent :

1) le registre d'ordre des formalités préalables à l'immatriculation ;

2) le registre des dépôts des actes et documents à inscrire ;

3) le registre d'ordre des morcellements et fusions ;

4) le registre des oppositions des actes à inscrire ;

5) le répertoire des titulaires de droits réels et la table, par bulletins mobiles, dudit répertoire.

Ces livres et registres peuvent faire l'objet de supports magnétiques dans des conditions déterminées par décret.

Art. 16. – Le registre des dépôts des actes et documents à inscrire et le registre des oppositions aux actes à inscrire sont arrêtés chaque jour, par le Conservateur à l'heure de fermeture des bureaux. Ces registres sont tenus en double exemplaire et, dès achèvement, l'un des exemplaires est transmis aux Archives nationales.

Art. 17. – Les livres et registres énumérés aux articles 14 et 15 sont côtés et paraphés avant tout usage par le président du tribunal compétent. Les autorités administratives, les autorités judiciaires, et les organes de contrôle de l'Etat, dans l'exercice normal de leur fonction, peuvent consulter sur place ces livres et registres.

Chapitre II. – Droits réels et prescription.

Art. 18. – Sont applicables aux immeubles et aux droits réels qui s'y rapportent, d'une manière générale, les dispositions des lois et règlements en vigueur.

Section première. – Des droits réels.

Art. 19. – Sont notamment susceptibles d'inscription aux livres fonciers :

a) Les droits réels immobiliers suivants :

1) la propriété des biens immeubles ;

2) l'usufruit des mêmes biens ;

3) les droits d'usage et d'habitation ;

4) l'emphytéose ;

5) le droit de superficie ;

6) les servitudes et services fonciers ;

7) les privilèges et hypothèques.

b) Les actions qui tendent à revendiquer ces droits réels.

Art. 20. – Les droits réels énumérés à l'article 19 n'existent, ne se conservent et ne produisent effet à l'égard des tiers qu'autant qu'ils ont été rendus publics dans les conditions, formes et limites fixées par la présente loi, sans préjudice des droits et actions réciproques des parties pour l'exécution de leurs conventions.

Art. 21. – Sont dispensées de la publicité, les servitudes dérivant de la situation naturelle des lieux ou des obligations imposées par la loi à l'exception cependant de la servitude de passage pour cause d'enclave dont l'assiette doit être exactement déterminée, soit au moment de l'immatriculation du fonds grevé, soit lors de la création de la servitude si celle-ci est postérieure à l'immatriculation.

Art. 22. – La faculté accordée aux cohéritiers ou à l'un d'eux d'écarter du partage toute personne non successible à laquelle un cohéritier aurait cédé son droit à la succession, appartient également au copropriétaire indivis d'un immeuble, au superficiaire, pour l'acquisition du sol, et au propriétaire du sol, pour l'acquisition de la superficie ; tout retrait indistinctement doit être exercé dans un délai de deux mois à compter du jour où la vente a été rendue publique.

Art. 23. – L'hypothèque forcée est accordée à l'Etat et aux autres personnes publiques, sur les biens immeubles de tous les fonctionnaires ou agents possédant la qualité de comptable public, en garantie de leur gestion.

Art. 24. – L'hypothèque forcée visée à l'article précédent grève :

1) les immeubles des comptables publics qui leur appartiennent avant leur nomination ;

2) les immeubles acquis à titre onéreux ou autrement par les comptables postérieurement à leur nomination ;

3) les immeubles acquis à titre onéreux et depuis cette nomination par leurs conjoints, même séparés de biens ou au nom de leurs enfants mineurs.

Toutefois, sont exceptées, les acquisitions à titre onéreux faites par les conjoints ou au nom des enfants mineurs lorsqu'il est légalement justifié que les deniers employés à l'acquisition leur appartenaient.

Elle est fixée, quant aux sommes garanties, par l'acte portant nomination du comptable public, cette évaluation pouvant ultérieurement, si elle ses révèle insuffisante ou excessive, être augmentée ou diminuée par une décision prise en la même forme que l'acte de nomination du comptable public.

Art. 25. – Sous réserve des dispositions de l'alinéa 2 de l'article 47, l'hypothèque conventionnelle est consentie par acte authentique. La transmission et la mainlevée de l'hypothèque conventionnelle ont lieu dans les mêmes formes. Il en est de même de sa cession, son changement de rang, sa subrogation, sa renonciation et de son extinction.

Art. 26. – Les actions tendant à la revendication d'immeubles, basées sur l'une des causes ci-après :

- rapport en nature des biens donnés,

- réduction des donations pour atteinte à la réserve,

- droit de retour des biens donnés en cas de prédécès du donataire seul ou du donataire et de ses descendants,

- révocation d'une donation pour inexécution des conditions ou survenance d'enfants,

- résolution d'un contrat synallagmatique pour inexécution des conditions,

- exécution du pacte de réméré, ne peuvent être exercées qu'autant que ces droits auront été réservés expressément aux contrats d'aliénation et ne produisent effet, à l'égard des tiers, qu'à dater du jour où ces réserves ont été rendues publiques dans les formes fixées par la présente loi.

Art. 27. – Le rapport des biens donnés peut cependant être exigé en nature, même en l'absence d'une réserve expresse dans l'acte de donation, tant que l'immeuble n'a pas été aliéné ou grevé de droits réels par le donataire ; sinon, il ne peut avoir lieu qu'en moins prenant.

Art. 28. – De même, la réduction des donations pour atteinte à la réserve peut encore s'exercer sur les immeubles, même en l'absence de toute stipulation y relative dans l'acte de donation, tant que lesdits immeubles n'ont pas été aliénés ou grevés de droits réels par le donataire, dans ce dernier cas, la réduction a lieu en équipollent.

Art. 29. – L'action en révocation pour cause d'ingratitude, bien que non réservée en l'acte de donation, peut cependant être exercée par le donateur mais sans préjudicier aux aliénations faites ni aux hypothèques et autres charges réelles constituées par le donataire, pourvu que les actes y relatifs aient été publiés avant l'exploit introductif d'instance.

La même règle est applicable à la révocation de la donation entre époux, qu'il s'agisse de la rétractation volontaire ou de la résolution imposée par la loi comme conséquence du divorce ; cette révocation reste sans influence sur les droits acquis par des tiers, à la condition toutefois, dans le second cas, que les actes constitutifs de ces droits aient été publiés avant la demande en divorce, tenue pour équivalente à une demande en révocation.

Art. 30. – Toutes autres actions tendant à la revendication d'immeubles, basées sur des causes non susceptibles d'énonciation aux contrats d'aliénation et notamment sur l'inobservation des conditions essentielles à la validité, l'atteinte portée aux droits des créanciers ou à ceux du mineur, l'incapacité absolue ou relative de disposer ou de recevoir par testament ou donation, l'interdiction légale d'acheter ou de vendre frappant certaines personnes ou s'appliquant à certains objets, le retrait d'indivision, sont sans effet à l'égard des tiers de bonne foi, ayant publié leurs titres avant l'acte introductif d'instance.

Art. 31. – Les actions en nullité pour défaut de forme, en résiliation pour éviction partielle, existence de servitudes non apparentes, lésions du quart ou des sept douzièmes ou constitution de droits réels par un failli dans les dix jours qui ont précédé la cessation de ses payements, sont irrecevables sur immeubles immatriculés.

Art. 32. – En cas d'expropriation ou de retrait pour cause d'utilité publique, les détenteurs de droits réels inscrits ne peuvent cependant exercer ces droits que sur l'indemnité d'expropriation ou de retrait telle qu'elle est fixée par la législation en la matière.

Pour permettre l'exercice de ces droits, l'indemnité d'expropriation ou de retrait dans le cas d'inscription au titre foncier est répartie conformément aux prescriptions en matière de distribution.

La purge des droits inscrits résulte de l'inscription de l'acte constatant l'accord amiable ou de la décision prononçant définitivement l'expropriation ou le retrait, à moins de recours à la procédure de distribution auquel cas elle résulte de la décision du juge.

Section 2. - De la Prescription.

Art. 33. – La prescription ne peut, en aucun cas, constituer un mode d'acquisition de droits réels sur des immeubles immatriculés ou de libération des charges grevant les mêmes immeubles.

Toutefois, un immeuble immatriculé abandonné pendant trente années consécutives par ses propriétaires ou occupants légitimes est considéré comme vacant et incorporé au domaine de l'Etat dans les formes et conditions fixées par décret.

Titre II Fonctionnement du régime de la propriété foncière

Chapitre premier. – Immatriculation des immeubles

Section première. – De la procédure d'immatriculation

Art. 34. – Sous réserve des dispositions de l'article 3 alinéa 2 de la loi n° 64-46 du 17 juin 1964 relative au domaine national, seul l'Etat peut requérir l'immatriculation à son nom des immeubles aux livres fonciers.

Art. 35. – Peut également requérir l'immatriculation, le créancier du débiteur remplissant les conditions fixées par l'article 3 alinéa 2 de la loi n° 64-46 du 17 juin 1964 précitée, lorsque le tribunal a ordonné l'accomplissement de cette formalité préalablement à la mise en adjudication. Dans ce cas, les frais, qui sont toujours à la charge du requérant à l'immatriculation, sont assimilés aux frais de justice faits pour parvenir à la mise en vente.

Art. 36. – Sont seuls susceptibles d'immatriculation sur les livres fonciers les fonds de terre bâtis ou non bâtis dépendant du domaine national.

Art. 37. – La réquisition d'immatriculation établie dans les formes et conditions fixées par décret n'est acceptée par le Conservateur qu'autant que la régularité en est reconnue par lui. Il s'assure, en conséquence, que les titres produits ou invoqués sont établis dans les formes prescrites par la législation applicable, sans examiner leur valeur intrinsèque. Si la réquisition émane d'une autorité administrative et que le Conservateur a des objections à formuler sur la régularité des titres produits ou invoqués, il en fait part à l'autorité requérante. Celle-ci peut passer outre, mais dans ce cas, elle doit confirmer la réquisition par écrit et elle substitue ainsi sa propre responsabilité à celle du Conservateur quant aux suites de l'immatriculation.

Art. 38. – Le requérant dépose, en même temps que sa réquisition, une provision égale au montant présumé des frais de la procédure arrêté par le Conservateur.

Art. 39. – Dans tous les cas où une demande d'immatriculation ne peut être accueillie quelle que soit la cause de l'empêchement et à quelque moment de la procédure qu'il se produise, le Conservateur doit inviter les parties à retirer, contre remise du récépissé, les titres par elles déposés : il joint en opérant la restitution, une déclaration écrite faisant connaître les motifs du rejet. Une minute de la déclaration reste jointe au dossier et le Conservateur émarge les pièces restituées d'un visa ne varietur après avoir tiré s'il le juge opportun, des copies collationnées contresignées par les parties. Les règles régissant le contentieux né de la procédure de l'immatriculation sont fixées par décret.

Section 2. – De la formalité de l'immatriculation.

Art. 40. – L'immatriculation d'un immeuble sur le livre foncier comporte :

1) l'inscription au registre des dépôts d'une mention constatant l'achèvement de la procédure ;

2) l'établissement du titre foncier sur le livre foncier ;

3) la rédaction de bordereaux analytiques pour chacun des droits réels soumis à la publicité et reconnus au cours de la procédure ;

4) la mention sommaire de ces divers droits à la suite du titre foncier ;

5) l'établissement d'une copie du titre foncier à remettre au propriétaire et de certificats d'inscription à délivrer aux titulaires de droits réels.

Art. 41. – I - Le Conservateur constate, au registre des dépôts, le versement qu'il effectue au dossier prévu par l'article 13, à l'expiration du délai soit de la demande d'inscription, soit du recours contre la décision judiciaire terminant le litige, des pièces de la procédure d'immatriculation.

II – Il rédige, au vu des déclarations insérées dans la réquisition, des demandes d'inscription acceptées par le requérant et des décisions de justice intervenues sur les demandes d'inscription non acceptées, un bordereau analytique des actes et pièces établissant l'origine et le mode d'exercice de chacun des droits réels et charges qui grèvent l'immeuble.

III – Il dresse sur le livre foncier le titre foncier qui comporte, répartis dans les divisions du cadre imprimé, les renseignements suivants :

a) Description de l'immeuble, avec indication de ses consistances, situation et limites ;

b) Mention sommaire des droits réels existants sur l'immeuble et des charges qui le grèvent ;

c) Désignation du propriétaire.

IV – Il annexe à ses archives les pièces produites à l'appui de la réquisition d'immatriculation.

V – Enfin, il établit sur des formules spéciales :

a) Pour le propriétaire, s'il y a lieu, mais sur demande expresse, pour chacun des copropriétaires indivis d'un immeuble, une copie exacte et complète du titre foncier, une série de duplicata des bordereaux analytiques et une copie du plan ;

b) Pour chacun des titulaires de charges ou de droits réels inscrits, un certificat d'inscription.

Les copies de titres et certificats d'inscription emportent exécution parée, indépendamment de toute addition de formule exécutoire.

Art. 42. – Le titre foncier est définitif et inattaquable, il constitue le point de départ unique de tous les droits réels existant sur l'immeuble au moment de l'immatriculation.

Art. 43. – Toute action tendant à la revendication d'un droit réel non révélé en cours de procédure et ayant pour effet de mettre en cause le droit de propriété même d'un immeuble immatriculé est irrecevable.

Les détenteurs de créances hypothécaires et les bénéficiaires de charges foncières tenues directement du propriétaire qui a poursuivi l'immatriculation peuvent seuls, en se conformant aux dispositions du chapitre II du présent titre, requérir, même après achèvement de la procédure, l'inscription de leurs droits sur le titre foncier, sous la double réserve de ne point préjudicier à d'autres droits régulièrement inscrits et de ne prendre rang qu'à compter de leur inscription.

Art. 44. – Les personnes dont les droits auraient été lésés par suite d'une immatriculation ne peuvent se pourvoir que par voie d'action personnelle en indemnité.

Art. 45. – En cas de perte par le titulaire d'une copie de titre foncier ou d'un certificat d'inscription, le conservateur n'en peut délivrer un duplicata que sur le vu d'un jugement motivé l'ordonnant, rendu après publication d'un avis inséré dans deux numéros consécutifs du Journal officiel. La requête devant le juge n'est recevable que lorsqu'elle est introduite quarante-cinq jours au moins après la seconde insertion de l'avis de perte sus-indiqué. La délivrance d'un duplicata rend nulle et de nul effet la copie d'un titre foncier ou d'un certificat d'inscription.

Chapitre II. – Publication des Droits réels.

Section première. – De la formule de l'inscription.

Art. 48. – La publication aux livres fonciers des droits réels constitués sur les immeubles postérieurement à leur immatriculation, prévue à l'article 2 et exigée par l'article 20 pour l'existence et la validité des dits droits à l'égard des tiers, est assurée par la formalité de l'inscription.

Art. 47. – Tous faits, conventions ou sentences, ayant pour objet de constituer, transmettre, déclarer, modifier ou éteindre un droit réel immobilier, d'en changer le titulaire ou les conditions d'existence, tous baux d'immeubles excédant trois années, toute quittance ou cession d'une somme équivalente à plus d'une année de loyer ou fermages non échus doivent, en vue de l'inscription, être constatés par acte authentique sauf dérogations législatives. Les règles de forme édictées à l'alinéa précédent ne s'appliquent pas, à la condition que lesdits faits, conventions ou sentences soient constatés par écrit dans les formes déterminées par la loi, aux actes passés par l'Etat et les autres personnes publiques.

Art. 48. – Les actes dressés pour la constatation d'une convention doivent contenir, outre les éléments essentiels des contrats :

1) l'énonciation conforme aux actes de l'état-civil, pour les individus, des prénoms, nom, profession et domicile ou aux actes constitutifs, pour les sociétés et autres institutions jouissant de la personnalité civile, des noms ou raison sociale, nature et siège des parties contractantes ;

2) l'indication de la capacité des contractants et de la qualité en laquelle ils agissent appuyées des déclarations précises en ce qui concerne l'état civil ;

3) la désignation par le numéro du titre foncier de l'immeuble que doit affecter l'inscription.

Art. 49. – La constatation écrite des mutations opérées par décès est faite soit dans les intitulés d'inventaires, soit au moyen d'actes de notoriété ou de jugement d'hérédité, contenant :

1) l'énonciation conforme aux actes de l'état civil, pour les individus, des prénoms, nom, profession et domicile ou aux actes constitutifs, pour les sociétés et autres personnes morales, des noms, raison sociale, nature et siège du défunt et de ses héritiers ;

2) l'indication, en ce qui concerne le défunt, s'il y a lieu, de sa capacité absolue ou relative de disposer par testament, en ce qui concerne les héritiers et légataires, de leur capacité de recevoir par testament et, dans tous les cas, de leurs droits exclusifs à l'hérédité ;

3) la désignation par le numéro de titre foncier des immeubles transmis.

4) Ces actes de notoriété et intitulés d'inventaires sont dressés par un notaire avec, en annexe le jugement définitif d'hérédité rendu conformément à l'article 403 du Code de la famille.

Art. 50. – Pour tous autres faits constitutifs, transmissifs, modificatifs ou extinctifs de droits réels, la constatation écrite est fournie par les actes judiciaires, et, s'il y a lieu, par les pièces de procédures judiciaires ou extrajudiciaires, lesquelles, doivent indiquer, en les désignant par numéro de titre foncier les immeubles grevés transmis ou libérés.

Art. 51. – Toute personne peut, en produisant les pièces dont le dépôt est prescrit par l'article 55, requérir du Conservateur l'inscription, la radiation, la réduction ou la rectification de l'inscription d'un droit réel immobilier. Toutefois, pour que la demande soit recevable, il est nécessaire que l'acte ou le fait sur lequel elle est basée émane du titulaire d'une inscription antérieure régulière et qu'aucune inscription postérieure à celle-là s'oppose à l'exercice du nouveau droit invoqué. Toute demande doit en outre contenir une élection de domicile dans le ressort judiciaire où est situé l'immeuble, domicile auquel peuvent être valablement effectués par la suite toutes notifications, significations et actes de procédure divers nécessités par l'application des dispositions de la présente loi et des textes subséquents.

Art. 52. – Exceptionnellement et sans nuire par ailleurs à l'exercice par toute autre personne du droit conféré par l'article précédent, l'hypothèque forcée des incapables doit être inscrite aux livres fonciers dans le délai de dix jours, à compter de la date des actes prévus à l'article 915 du Code des Obligations civiles et commerciales à la requête du greffier du juge des tutelles.

Art. 53. – Sont également inscrites aux livres fonciers à la requête du syndic et dans le délai de dix jours, les causes d'indisponibilité des immeubles résultant soit des dispositions du jugement qui prononce le règlement judiciaire, la liquidation des biens ou la faillite personnelle, soit de tous autres actes ou contrats.

Art. 54. – L'ordre des inscriptions, en matière d'hypothèque, règle le rang de priorité des créanciers.

Art. 55. – Les demandes d'inscription doivent être accompagnées du dépôt:

I – S'il s'agit de mutations contractuelles et de conventions en général :

1) d'une expédition ou du brevet pour les actes publics, de l'original pour les actes visés à l'article 47 alinéa 2 ;

2) de la copie du titre foncier de l'immeuble ;

3) spécialement, s'il s'agit de la modification ou de l'extinction d'un droit réel grevant l'immeuble, du certificat d'inscription relatif à ce droit.

II. - s'il s'agit de l'hypothèque forcée de l'Etat et des autres personnes publiques :

1) d'une copie certifiée conforme par le Ministre chargé des Finances de l'acte portant nomination du comptable ou de tous autres actes soumis à la publicité ;

2) de la copie du titre exécutoire.

III – S'il s'agit de mutations opérées après décès :

1) pour les successions ab-intestat :

a) d'une expédition de l'acte de décès ou du jugement en tenant lieu ;

b) d'une expédition du jugement d'hérédité ;

c) d'une expédition ou brevet de l'intitulé d'inventaire ou de l'acte de notoriété prévus à l'article 49 lorsque le jugement d'hérédité ne contient pas l'inventaire des biens du de cujus ;

d) de la copie du titre foncier de l'immeuble concerné ;

e) s'il s'agit de la transmission des droits réels grevant un immeuble, du certificat d'inscription relatif à ces droits.

2) pour les successions testamentaires : Indépendamment des pièces visées au 1) du présent paragraphe : a) d'une expédition du testament ;

b) d'une expédition des actes de consentement par les héritiers réservataires ou les légataires universels à la délivrance des legs ou du jugement prononçant l'envoi en possession desdits légataires.

3) Pour les successions appréhendées à titre provisoire : Indépendamment des pièces énumérées au 1) du présent paragraphe : d'une expédition du jugement d'envoi en possession provisoire ou définitive des successeurs ou héritiers.

IV – S'il s'agit des décisions judiciaires conférant l'hypothèque forcée ou prononçant la nullité ou la résolution d'un droit réel ou d'un titre de même ordre ou nature :

1) des originaux, copies ou expéditions des actes judiciaires ou extrajudiciaires soumis à la publicité ;

2) de la copie du titre foncier et du certificat d'inscription qui se trouveraient en la possession du titulaire du droit à inscrire.

Toute demande d'inscription doit contenir une élection de domicile dans le ressort judiciaire où se trouve situé l'immeuble, domicile auquel pourront être valablement effectués, par la suite, toutes notifications, significations et tous actes de procédure divers nécessités par l'application des dispositions de la présente loi. Les frais de toutes inscriptions sont acquittés par les requérants, sauf règlement ultérieur entre les parties.

Art. 56. – Le Conservateur remet au déposant, s'il le demande, une reconnaissance contenant le détail des pièces déposées et relatant la date du dépôt. Cette reconnaissance est restituée lors de la remise des copies de titres et certificats d'inscription, ou lors de la remise des pièces, dans les cas spécifiés aux articles 62 et 68.

Art. 57. – Avant de déférer à la demande d'inscription, le conservateur procède à la vérification des pièces déposées, et s'assure :

1) de l'identité des parties ;

2) de leur capacité ;

3) de l'inscription au titre foncier du droit du disposant ;

4) de la disponibilité de l'immeuble ;

5) de la régularité de l'acte au point de vue de sa forme extérieure.

Art. 58. – L'identité des parties est garantie par l'intervention du magistrat ou de l'officier ministériel ou public rédacteur.

La capacité des parties est établie :

1) par les déclarations à insérer dans les actes, en exécution des articles 48 et 49 ;

2) par la production des justifications relatives aux autorisations légales nécessaires dans certains cas déterminés.

Art. 59. – l'inscription au titre foncier du droit du disposant ne doit être infirmée par aucune inscription ultérieure alors même que cette dernière ne figurerait pas encore sur la copie du titre.

Art. 60. – L'immeuble est tenu pour disponible s'il n'existe aucune mention inscrite dans le cadre spécial du titre foncier affecté aux charges de cette nature ou si toutes les mentions précédemment inscrites ont été radiées.

Art. 61. – La régularité des actes consiste dans l'observation rigoureuse, en ce qui concerne leur forme extérieure, des dispositions légales et réglementaires en vigueur à l'exclusion de celles qui se rapportent à la valeur intrinsèque de la convention.

Art. 62. – Si la vérification révèle l'absence ou l'insuffisance de l'un de ces éléments essentiels pour la validité de l'inscription, le conservateur refuse la formalité et restitue au requérant les pièces déposées, revêtues d'un visa ne varietur en y joignant une déclaration écrite, dont il conserve minute et par laquelle il fait connaître les causes de son refus.

Art. 63. – L'inscription aux livres fonciers des faits ou conventions ayant pour objet la constitution, la transmission, la modification ou l'extinction des droits réels comporte :

1) La constatation au registre ad hoc du dépôt effectué par le requérant à l'inscription ;

2) La rédaction de bordereaux analytiques rappelant, outre les dispositions inhérentes à la nature du contrat déposé, toutes autres dispositions accessoires soumises à la publicité ;

3) a) S'il s'agit d'un acte constitutif d'une charge ou d'un droit réel ou transmissif de propriété, la mention sommaire, à la suite du titre foncier, de la charge ou du droit constitué ou des mutations opérées.

b) S'il s'agit d'un acte extinctif d'une charge ou d'un droit réel publié, la radiation de la mention précédemment inscrite sur le titre foncier.

4) La reproduction des mêmes mentions ou radiations sur la copie du titre foncier et l'annexion à celle-ci d'un duplicata du bordereau analytique correspondant ;

5) L'établissement d'un certificat d'inscription au nom du titulaire du nouveau droit ou l'annulation du certificat d'inscription précédemment établie au nom du titulaire du droit éteint.

Art. 64. –L'inscription aux livres fonciers des faits ou conventions ayant simplement pour objet de changer le titulaire ou de modifier les conditions d'existence d'un droit réel, sans aggraver ni atténuer la charge qui en résulte pour l'immeuble, est faite dans la même forme ; mais la mention sommaire prévue aux numéros 3° et 4° de l'article 63, au lieu de figurer au titre foncier et sur la copie de ce titre, est reportée, en forme d'annotation marginale, sur les bordereaux analytiques se rapportant à l'inscription initiale du droit modifié et sur le certificat d'inscription correspondant.

Art. 65. – L'inscription de l'hypothèque conférée sur un droit réel préexistant est faite également dans la forme prévue à l'article 63 et sur le titre du fonds démembré ; mais d'une par, un duplicata supplémentaire du bordereau analytique est annexé au certificat d'inscription détenu par le titulaire du droit réel grevé ; d'autre part, la mention sommaire au feuillet foncier est accompagnée d'une référence à la mention antérieure qui constate le démembrement ; enfin, la même mention sommaire est reproduite en forme d'annotation marginale, tant sur le certificat d'inscription déjà visé que les duplicata du bordereau analytique de l'acte qui opère le démembrement.

Art. 66. – Lorsque les copies de titres fonciers et certificats d'inscription ne sont pas représentés par le requérant à l'inscription, si la formalité est destinée à constater un fait ou une convention qui suppose le consentement des porteurs, le conservateur refuse d'y procéder. Dans tous les autres cas et après vérification, il reçoit le dépôt, fait l'inscription sur le titre foncier, la notifie aux détenteurs des copies ou certificats, avec sommation d'avoir à représenter lesdites pièces dans la huitaine et, jusqu'à ce que la concordance entre le titre et les copies et certificats ait été rétablie, il refuse toute nouvelle inscription, prise de leur consentement. La notification est faite dans les formes prévues par décret. **Art. 67.** – Lorsque les faits ou conventions susceptibles d'être publiés se produisent ou sont conclus au cours de la procédure d'immatriculation l'inscription n'en peut être opérée qu'après l'établissement du titre foncier.

Toutefois, il est loisible au bénéficiaire du droit à s'inscrire, pour prendre rang et rendre ledit droit opposable aux tiers, d'effectuer sans attendre l'achèvement de la procédure, le dépôt à la conservation des pièces prescrites ; ce dépôt est mentionné au registre des oppositions des actes à inscrire, au jour de l'immatriculation, reporté, avec rappel de sa date, au registre des dépôts au rang qui lui est assigné par le premier enregistrement. La validité de ces inscriptions reste soumise aux règles qui régissent le droit commun auquel l'immeuble n'échappe qu'au jour de l'immatriculation.

Art. 68. – Les copies de titres fonciers et certificats d'inscription sont seuls restitués aux parties, les pièces produites restent déposées aux archives de la conservation et le conservateur peut, à toute époque, en délivrer aux intéressés des copies, reproductions certifiées conformes par lui faisant foi de leur contenu.

Art. 69. – Si l'inscription d'une hypothèque forcée est subordonnée à une décision de justice, il peut être pris en cas d'urgence et en vertu d'une ordonnance du Président du Tribunal régional une inscription conservatoire, laquelle n'a d'effet que jusqu'au jugement définitif ; si ce jugement maintient tout ou partie de l'inscription ce qui a été maintenu prend rang à la date de l'inscription conservatoire.

Art. 70. – Si l'inscription d'une hypothèque garantissant un prêt à court terme est différé, par application de l'article 130 de l'acte uniforme portant organisation des sûretés de l'OHADA, l'acte constitutif de cette hypothèque n'en doit pas moins être rédigé dans les formes ordinaires et un original ou une expédition, suivant le cas, en est remis, avec la copie du titre foncier, au créancier hypothécaire ; celui-ci effectue le dépôt à la conservation, en faisant défense, par écrit au conservateur de déférer à aucune réquisition d'instruction au préjudice de son droit dans un délai qui ne peut être supérieur à quatre-vingt-dix jours. Ce dépôt, valable pour ledit délai comme opposition, est inscrit à sa date au registre des dépôts, et mention provisoire en est faite sur le titre foncier, dans le cadre réservé à cet effet. Exceptionnellement, cette mention n'est pas reproduite sur la copie du titre.

Si, dans le cours du délai de validité de l'opposition, une nouvelle inscription vient à être requise, le conservateur procède préalablement à l'inscription de l'hypothèque différé qui prend rang du jour du dépôt pour opposition.

Dans le cas contraire, à l'expiration du délai de quatre-vingt-dix jours, le créancier est tenu de retirer les pièces ou de requérir l'inscription régulière de son droit, qui a cessé d'être garanti par le dépôt pour opposition.

Art. 71. – Les personnes dont les droits, auraient été lésés par une inscription peuvent en demander la modification ou l'annulation ; mais ces modifications ou annulations, sauf dans le cas où elles sont la conséquence d'une réserve mentionnée au titre foncier, ne peuvent préjudicier aux tiers de bonne foi. Toutefois, l'héritier revendiquant, dans les six mois qui suivent l'ouverture de la succession, tout ou partie de l'hérédité, peut demander en même temps que l'annulation de l'inscription prise à son préjudice, celle des droits constitués dans l'intervalle au profit des tiers par l'héritier apparent.

Art. 72. – Toute demande tendant à obtenir la modification ou l'annulation d'une inscription peut faire l'objet d'une mention sommaire préventive, dite prénotation sur le titre foncier, avant d'être portée devant le tribunal régional. Cette prénotation doit être autorisée par ordonnance du Président du Tribunal, rendue sur requête, à charge de lui en référer. La prénotation faite, la validité des inscriptions ultérieures est subordonnée à la décision judiciaire. A défaut de prénotation, le jugement n'a d'effet à l'égard des tiers que du jour où il est inscrit.

Section 2. – De la réunion et de la division des titres fonciers.

Art. 73. – Lorsque les deux immeubles contigus sont réunis par suite d'une acquisition ou par l'effet de tout autre contrat ou événement entre les mains d'un même propriétaire, celui-ci peut demander, soit au moment de l'inscription du fait juridique générateur du droit, soit ultérieurement, la fusion des deux titres fonciers en un seul. Cette fusion s'effectue soit au moyen de l'annulation des deux titres anciens et de la création d'un titre nouveau, sur lequel sont reportées les inscriptions non radiés des titres annulés, soit par l'annulation d'un seul desdits titres et le report sur le second, indépendamment des mentions relatives à l'augmentation de superficie, consistance et valeur de l'immeuble, des inscriptions sont radiés du titre annulé. Cette opération n'est cependant admise qu'autant qu'elle ne préjudice en rien aux droits inscrits sur les titres fonciers fusionnés. Elle peut être étendue au cas de rattachement à un immeuble d'une parcelle détachée d'un autre immeuble contigu ou de réunion de plus de deux immeubles en un seul.

Art. 74. - Lorsqu'un immeuble est divisé par suite d'aliénations partielles ou de partage, les limites des lots formés doivent être fixées sur le terrain. Un plan de lotissement est déposé à la conservation avec les pièces nécessaires à l'inscription ultérieure de l'acte de vente ou de partage à publier. Dans les plus brefs délais possibles après ce dépôt, le conservateur fait procéder, par un géomètre du cadastre à la vérification du plan fourni, et s'il y a lieu, à sa rectification aux frais du requérant. La date de cette opération qui doit être faite en présence des parties à l'acte à inscrire, est portée à leur connaissance vingt-quatre heures au moins à l'avance, par une notification en la forme ordinaire. Les résultats de la vérification sont constatés dans un procès-verbal dressé également en présence des mêmes parties et signé par elles. Ces résultats restent acquis quand bien même toutes les parties, régulièrement convoquées, n'auraient pas assisté à la vérification.

Art. 75. – Dès que le bornage est achevé, le conservateur annexe le procès-verbal aux pièces déposées et procède à l'inscription de l'acte. Il établit en conséquence, au nom de chacun des propriétaires des lots distincts, un nouveau titre foncier sur lequel sont reportées toutes les inscriptions non radiées du titre ancien ; ce dernier, après inscription des mentions relatives à la diminution du superficie, consistance et valeur de l'immeuble, reste aux mains du propriétaire pour la part non aliénée, ou, en cas de partage ou de vente par lots, est mis à l'attributaire ou à l'acquéreur du dernier lot attribué ou vendu.

Art. 76. – Lorsque les faits ou conventions susceptibles d'être publiés se produisent ou sont conclus au cours d'une procédure de morcellement, l'inscription n'en peut être opérée qu'après l'établissement des nouveaux titres fonciers.

Toutefois, il est loisible, au bénéficiaire du droit à inscrire, pour prendre rang et rendre ledit droit opposable aux tiers, d'effectuer sans attendre l'achèvement de la procédure, le dépôt à la conservation des pièces prescrites ; ce dépôt est mentionné au registre des oppositions des actes à inscrire, et, au jour du morcellement, reporté, avec rappel de sa date, au registre des dépôts au rang qui lui est assigné par le premier enregistrement.

Chapitre III. – Consultation des livres fonciers et communication de renseignements

Art. 77. – Toute personne, en se conformant aux règles ci-après fixées, peut obtenir communication des renseignements consignés aux livres fonciers ou renfermés dans des dossiers correspondants aux titres fonciers, moyennant le paiement des droits de recherche, de copie ou reproduction.

Art. 78. – A cet effet, les intéressés présentent au conservateur de la propriété et des droits fonciers une réquisition, rédigée en double exemplaire, datée et signée et tendant à la délivrance, suivant le cas ;

- d'un certificat constatant la concordance d'un titre foncier et la copie dudit titre ;

- d'un certificat constatant la concordance d'un certificat d'inscription avec les énonciations du titre foncier relatives au même droit réel ;

- de l'état des droits réels appartenant à une personne déterminée ;

- de l'état des charges et droits réels grevant un immeuble déterminé ;

- de la copie d'un acte déposé au dossier d'un immeuble à l'appui d'une inscription ou du bordereau analytique qui s'y rapporte.

Les certificats, états, copies ou reproductions sont établis à la suite de l'une des réquisitions, la seconde reste aux archives de la conservation. Lorsqu'il est requis du conservateur un état des charges et droits réels grevant un immeuble en cours de morcellement, le conservateur est tenu de faire mention, dans son état, de ladite procédure.

Art. 79. – Au cas où l'immeuble visé dans une réquisition se trouve grevé d'une hypothèque à inscription différée dans les conditions fixées par l'article 70 de la présente loi, mention doit en être faite à la suite de l'état ou du certificat requis, avec indication de la durée de validité de l'opposition, si toutefois la nature du renseignement demandé exige cette révélation[12].

---

[12] **3-Les terres collectives**

a-Définition

Essentiellement constituées de terres rurales appartenant en pleine propriété et à titre collectif à des groupements de tribus, de fraction ou de douars placés sous la tutelle du ministre de l'Intérieur. Avec l'extension des périmètres urbains, de larges propriétés collectives ont été ouvertes à l'urbanisation et ont ainsi acquis une plus-value et une importance stratégique.

Les terres collectives font l'objet d'un partage en jouissance qui peut être annuel ou pluriannuel avec une périodicité variant de 2 à 10 ans. Ce partage se fait en respect total des coutumes locales, ce qui fait que chaque collectiviste ou ayant droit détient dans l'indivision une quote-part indéterminée et variable.

b-Caractéristiques

-Les terres collectives ne s'héritent pas et sont imprescriptibles, insaisissables et inaliénables ;

-Elles peuvent faire l'objet d'une délimitation ou d'une immatriculation foncière conformément à la procédure normale d'immatriculation foncière, et ce, à la demande de la collectivité ou de l'autorité de tutelle. La procédure est payante, sauf si la terre est comprise dans un secteur d'immatriculation en groupe ou de remembrement;

-Le droit de propriété des tribus sur les terres dont elles ont la jouissance à titre collectif ne peut s'exercer que sous tutelle de l'État (assuré par le conseil de tutelle, présidé par le ministre de l'Intérieur et ministre de l'Agriculture).

b-Caractéristiques

- Tout secteur de remembrement est ouvert et délimité par arrêté du ministre de l'Intérieur et sous accord du conseil communal concerné.
- Le remembrement n'apporte aucune modification aux principes régissant les différents régimes fonciers.
- L'opération remembrement est une des plus complexes et fait intervenir plusieurs entités (autorité locale, offices de l'agriculture, représentants du ministère de l'Intérieur, représentant du ministère de la Justice, agriculteurs, commissions ...)
- Après l'achèvement de la procédure du remembrement, le secteur de remembrement est homologué par le décret du Premier ministre.
- L'immatriculation des immeubles sis à l'intérieur des secteurs de remembrement est obligatoire et gratuite.
- L'absence de recours contre les décisions de la commission de remembrement sauf pour violation de la loi ou incompétence, a pour but d'activer relativement l'aboutissement de la procédure, mais d'un autre côté entraîne un excès de pouvoirs et une violation des formes substantielles des procédures.

7- **Immeubles sis à l'intérieur des périmètres d'irrigation**

La plupart des Codes des investissements ont soumis ces immeubles à des règles contraignantes, telles que:

- Hypothèques au profit de l'État: de ce fait, le bénéficiaire s'engage à payer une participation à la valorisation des terres irriguées, ainsi que des redevances annuelles et permanentes pour usage de l'eau d'irrigation. En cas de non-paiement, une hypothèque est inscrite sans frais sur les livres fonciers.
- Contrôle des opérations immobilières: les transactions immobilières des immeubles sis à l'intérieur des périmètres d'irrigation sont soumises à une autorisation préalable du ministre de l'Intérieur.
- Ces immeubles sont soumis à l'immatriculation d'ensemble.

Les obstacles qui entravent l'investissement

La contrainte foncière est au centre des problématiques sectorielles posées par le développement socio-économique des pays et elle est de plus en plus considérée comme un obstacle majeur à la promotion des investissements et à la concrétisation des projets.

En effet, plusieurs éléments dissuasifs entrent en jeu. Parmi les obstacles majeurs posés par le foncier, on peut citer:

-La dualité du régime foncier et leur complexité;

-La lenteur des procédures d'immatriculation et la lourdeur des procédures d'acquisition;

-La diversité des statuts fonciers et des modes de transactions;

-Les prix exorbitants des terrains et les pressions spéculatives dues à l'absence d'une structure opérationnelle chargée de la valorisation et de la promotion du foncier.

TREIZIEME PARTIE. LA LEGISLATION FONCIERE DU TCHAD

LOI n° 67-25 du 22 juillet 1967 portant limitations aux droits fonciers

Titre 1 - Expropriation de droit commun

Art.2.- L'expropriation est la procédure par la- quelle la puissance publique oblige une personne morale ou physique, à lui transférer la propriété d'un immeuble ou d'un droit réel, dans un but d'utilité publique et moyennant indemnité.

Art.3.- Toute expropriation doit être précédée d'une enquête d'une durée minima d'un mois et maxima de quatre mois, avec publicité assez large pour permettre à tous intéressés, notamment aux expropriés, de faire enregistrer leurs observations.

Art.4.- Sur le vu des résultats de l'enquête, un décret en conseil des ministres :

Déclare d'utilité publique l'opération projetée ; Fixe les parcelles à exproprier ; Prononce leur expropriation.

Art.5.- L'indemnité d'expropriation peut être fixée par accord amiable. A défaut d'accord dans un délai fixé par décret, la partie la plus diligente saisit le président du tribunal compétent. Deux experts sont désignés par l'administration, deux par les expropriés ; les experts déposent leur rapport au tribunal un mois au plus tard après leur désignation.

Art.6.- Le Président du tribunal statue par ordonnance dans un délai d'un mois après sa saisie. En cas d'accord des experts, il l'homologue. En cas de désaccord il statue avec tous les éléments d'appréciation dont il dispose, et en effectuant s'il le juge utile, un transport sur les lieux. Il ne peut cependant descendre au-dessous des efforts de l'administration, ni monter au-delà des prétentions des expropriés. Il peut demander aux administrations financières tous renseignements concernant les déclarations fiscales des expropriés. L'ordonnance du président du tribunal est susceptible d'appel.

Art.7.- L'appel devra, à peine de forclusion, être interjeté au plus tard quinze jours après notification de l'ordonnance du président du tribunal. La juridiction d'appel doit se prononcer dans un délai fixé par décret.

Art.8.- Après ordonnance du président du tribunal ou arrêt de la juridiction d'appel suivant le cas, l'administration paie les indemnités ou en cas de refus de recevoir, les consignes. Elle peut prendre possession d'office un mois après cette opération.

Art.9.- Un décret fixera les procédures de nature à éviter les moyens dilatoires que pourrait employer l'une ou l'autre partie.

Art.10.- Dans le cas où l'expropriation partielle d'un immeuble rendait le reste inutilisable pour l'exproprié, ce dernier a droit de requérir l'emprise totale.

Art.11.- Dans le cas où l'administration ne procèderait pas aux opérations ayant motivé l'expropriation, dans un délai fixé par décret, l'exproprié a droit à la rétrocession de l'immeuble où à une indemnité.

Titre 2 - Expropriation des terrains ruraux : absence de mise en valeur

Art.12.- Toute terre rurale faisant l'objet d'un titre de propriété et dont l'exploitation a été abandonnée pendant plus de cinq années, compte tenu des mo- des de culture, peut être expropriée.

Art.13.- La procédure est la même que pour l'expropriation de droit commun. Cependant, dès l'ouverture de l'enquête préliminaire, une commission dont la composition est fixée par décret, appréciera la réalité de la non-mise en valeur.

Art.14.- Le tribunal éventuellement saisi pour la fixation de l'indemnité, tiendra compte dans le cas où le titre de propriété provient d'une concession définitive, du prix payé pour cette dernière, des frais accessoires, et des éventuels investissements.

Art.15.- Les parties peuvent faire appel. L'appel n'est pas suspensif.

Titre 3 - Déguerpissement

Art.16.- Le déguerpissement est l'opération par laquelle il est fait obligation, pour des motifs d'utilité publique, à des occupants présumés de bonne foi, encore que non couverts par une coutume reconnue, d'une terre appartenant à la puissance publique, de l'évacuer même s'ils y ont cultivé ou construit.

Art.17.- Le déguerpissement ouvre droit à l'indemnité. Son montant est calculé par une commission dont la composition est fixée par décret et où les intéressés sont représentés.

Art.18.- L'administration peut prendre possession quinze jours pleins après le paiement ou la consignation des indemnités. Le pourvoi des intéressés devant les tribunaux n'est pas suspensif[13].

---

[13] **Les problèmes relatifs aux régimes fonciers**

Les problèmes relatifs aux régimes fonciers sont d'une nature double. Les premiers sont liés au régime traditionnel, le deuxième type d'obstacle touche à l'immatriculation foncière.

Problèmes liés au régime traditionnel

Le régime traditionnel trouve son essence dans les pratiques ancestrales foncières inspirées du droit musulman et des coutumes locales. Les droits sont en effet, consacrés et authentifiés par des témoignages. Ce régime présente toutefois plusieurs obstacles.

Ces obstacles peuvent être liés soit à :

- L'absence totale de publicité concernant les immeubles non immatriculés et leurs détenteurs : en fait, le régime traditionnel ne dispose d'aucun outil de publicité et d'information sur la propriété juridique des immeubles non immatriculés, notamment sur ses propriétaires non exploitants et de leurs ayants droits, ni sur sa délimitation topographique exacte.
- L'insécurité des transactions : cette inexactitude peut générer une réelle incertitude sur le statut juridique et sur les limites de la propriété acquise, d'autant plus que l'exploitation effective de la propriété peut être frauduleusement utilisée comme preuve de propriété et inversement.
- La difficulté d'accès au crédit : Faute de pouvoir constituer des garanties suffisantes par rapport à un foncier de cette nature, le système bancaire se désengage du financement des projets.
- La pérennité des projets d'investissement : en plus des éléments évoqués ci-dessus, la réalisation d'un projet sur un foncier non immatriculé ou même en cours d'immatriculation représente souvent un risque par rapport à la pérennité du projet. A titre d'exemple: la formulation abusive d'une opposition hors délai sur un foncier en cours d'immatriculation et abritant un projet touristique ou immobilier en vue de bloquer malhonnêtement l'avancement de ce dernier.

Ainsi, les contrariétés liées à ce régime, couvrant des surfaces importantes et plus spécialement dans le monde rural ou dans les périmètres péri urbains, repoussent des projets d'investissement d'envergure. Aujourd'hui, ce problème peut être senti véritablement par des secteurs à forte croissance, notamment celui de l'immobilier et du tourisme (balnéaire).

Tous ces éléments sont de nature à rendre le secteur traditionnel d'une opacité impropre à la circulation des biens, à l'investissement et à la modernisation.

C'est dans ce cadre que la mise en place d'un référentiel ou d'un code réunissant les différents règlements du droit musulman éparpillés s'avère importante.

2-Problèmes liés à l'immatriculation

L'immatriculation est facultative sauf dans des cas de figure précis. Ce caractère, conjugué à des difficultés opérationnelles liées aux procédures ou aux entités d'exécution, limite sa généralisation sur tout le foncier. Parmi ces difficultés, on peut citer :

- La complexité des procédures d'immatriculation:
    - Certains problèmes liés à la procédure d'immatriculation entravent la qualité des prestations fournies (blocage dans le processus de réquisition d'immatriculation à cause d'une procédure de publicité inefficiente, insuffisances législatives au niveau des oppositions ...).
- La lenteur administrative du traitement des affaires:
- L'importance du stock des dossiers en instance exacerbe la relation avec les usagers et les partenaires : les services extérieurs de la Conservation foncière souffrent d'un nombre considérable de dossiers en instance. Cette accumulation provient essentiellement du non-paiement des droits d'immatriculation, d'un manque de pièces du dossier ou d'une absence de décision du conservateur sur la suite du dossier (complexité du dossier, irrégularité des pièces ...).
- Les oppositions non fondées ralentissent les procédures d'immatriculation:
    - Les opposants ne sont pas obligés de justifier leurs oppositions écrites ou orales au stade de l'introduction de leur opposition;
    - Les conservateurs n'optent pas systématiquement pour l'option prévue par la loi. Cette option donne le droit au conservateur d'exiger la justification des oppositions lui permettant ainsi de statuer sur la recevabilité de l'opposition en question.
- Une réelle difficulté dans la gestion des archives foncières :
- L'absence d'un système efficient et généralisé de la gestion des flux des dossiers archivés ne facilite pas la traçabilité et la localisation des documents fonciers et favorise ainsi les pertes partielles ou totales.

- L'ignorance, par une large tranche de la population, des avantages procurés par cette opération et de la procédure à suivre. Par conséquent, la plupart des dossiers présentés ne respectent pas toutes les charges et diligences de la procédure. Face à cette situation, le gouvernement marocain réfléchit en permanence sur des mesures d'encouragement et de soutien du régime de l'immatriculation foncière pour favoriser l'immatriculation et la maîtrise du foncier, telles que:
- La refonte des textes régissant l'immatriculation foncière afin de simplifier et accélérer la procédure de l'immatriculation.
- L'organisation de campagnes de sensibilisation et de vulgarisation soit auprès d'une population potentielle soit dans le cadre de projet d'immatriculation (immatriculation d'ensemble, remembrement, établissement du Cadastre national ...) ;

QUATORZIEME PARTIE. LA LEGISLATION FONCIERE DU TOGO

Loi n°2018-005 du 14 juin 2018 portant Code foncier et domanial

Titre 3 - De la propriété

Sous-titre 1 - Des principes généraux

Art.136.- La propriété est le droit exclusif et perpétuel d'user, de jouir et de disposer des choses et des droits. Elle confère à son titulaire un pouvoir absolu sous réserve des lois qui la réglementent.

Art.137.- Nul ne peut exercer son droit de propriété dans l'intention de nuire à autrui.

Art.138.- La propriété s'étend aux fruits et produits de la chose et à tout ce qui s'unit à elle par accession naturelle ou artificielle.

Art.139.- La propriété ne se perd pas par le non-usage. L'action en revendication est perpétuelle.

Art.140.- Nul ne peut être contraint de céder sa propriété, si ce n'est pour la mise en œuvre des politiques de développement ou pour cause d'utilité publique, et moyennant, dans les deux cas, une juste et préalable indemnité.

Art.141.- Par dérogation aux articles précédents, le propriétaire victime d'un empiètement non intentionnel sur son fonds ne peut, si celui-ci est inférieur à 0,30 mètre, en exiger la suppression que dans le délai de deux ans de la connaissance de celui-ci sans pouvoir agir plus de dix ans après l'achèvement des travaux. Dans le délai de cinq ans, commençant à courir à l'expiration de l'action en démolition, le juge peut, à la demande de l'un des propriétaires, transférer la partie du fonds objet de l'empiètement à son bénéficiaire, moyennant une indemnité tenant compte de la valeur du fonds occupé, de la plus-value réalisée grâce à l'empiétement et du préjudice qu'il a causé.

Art.142.- Les biens immobiliers sans maître appartiennent aux personnes publiques désignées par la loi.

Sous-titre 2 - De l'indemnité de plus-value

Art.143.- Lorsque l'occupation des travaux publics confère à des propriétés privées autres que ceux frappés d'expropriation ou d'occupations temporaires une augmentation de valeur de 20 %, les propriétaires de ces immeubles ou droits réels immobiliers peuvent être contraints de payer une indemnité égale au maximum, à la moitié de la plus-value ainsi créée.

Art.144.- Un acte administratif désigne, d'une manière précise, la zone dans laquelle il y a lieu de faire application des dispositions relatives à l'indemnité de plus-value et les immeubles assujettis.

Art.145.- Aussitôt après publication de l'acte administratif désignant la zone et les immeubles assujettis à l'indemnité de plus-value, les bénéficiaires de la plus-value ou leurs ayants droit sont convoqués devant l'autorité communale ou son mandataire afin de s'entendre avec l'administration sur le montant de la plus-value et celui de l'indemnité.

Art.146.- A défaut d'entente amiable entre l'administration et le bénéficiaire de la plus- value, celui-ci est cité, à la requête de l'administration, devant le juge administratif pour que soit déterminée la plus-value acquise au jour de la requête et que soit fixée l'indemnité exigible.

Art.147.- Pour fixer le montant de l'indemnité, la juridiction compétente détermine :

1- la valeur de l'immeuble avant l'annonce ou le commencement des travaux ou les opérations d'utilité publique ;

2- la valeur de l'immeuble au jour de la requête ;

3- éventuellement, l'augmentation de la valeur résultant des facteurs de plus-value étrangers aux travaux ou aux opérations d'utilité publique.

Art.148.- Les indemnités de plus-value sont recouvrées comme en matière de contribution directe. Toutefois, le juge administratif ou, en cas d'accord, les parties peuvent décider d'échelonner le paiement sur quatre années au maximum.

Art.149.- Tout redevable de l'indemnité peut se libérer en délaissant tout ou partie des immeubles qui ont bénéficié de la plus-value. Les immeubles ainsi données en payement ne peuvent être admis pour une valeur supérieure à celle qui leur a été reconnue soit à la date de l'accord, soit à la date de la requête, pour la fixation de l'indemnité.

Art.150.- Si la plus-value intéresse une propriété qui a fait l'objet d'une expropriation partielle, l'indemnité de la plus-value est éventuellement diminuée du montant de la somme imputée sur l'indemnité d'expropriation.

Sous-titre 3 - Des modes d'accès à la propriété

Art.151.- Sans préjudicier aux droits de propriété acquis du premier occupant, la propriété s'acquiert et se transmet par succession, par voie de testament ou par donation entre vifs et par l'effet de la vente ou de l'échange ou tout autre mode de mutation à titre gratuit ou onéreux.

Art.152.- La propriété s'acquiert également par accession ou incorporation et par prescription acquisitive mentionnées aux articles 412 à 417 du présent Code pour ce dernier cas.

Chapitre 1 - Des successions

Art.153.- La propriété peut se transmettre par voie successorale ou par voie testamentaire, conformément aux dispositions du Code des personnes et de la famille et d'autres textes en vigueur.

Chapitre 2 - De la donation

Art.154.- La propriété peut se transmettre par donation conformément aux dispositions du Code des personnes et de la famille et d'autres textes en vigueur.

Chapitre 3 - De la vente

Art.155.- La propriété peut se transmettre par vente. La vente d'immeuble est une convention par laquelle le vendeur transfère ou s'engage à transférer un bien immeuble à l'acheteur moyennant paiement du prix convenu.

Art.156.- La propriété peut se transmettre également par vente d'immeuble à construire.

Art.157.- La vente d'immeuble à construire est un contrat par lequel le vendeur s'oblige à édifier un immeuble dans un certain délai. Elle se réalise suivant l'une des deux modalités ci-après : 1- la vente clé en main, ou

2- la vente en l'état futur d'achèvement.

Art.158.- La vente clé en main est une construction entièrement réalisée par un promoteur à ses frais et cédée ensuite à un acquéreur.

Art.159.- La vente en l'état futur d'achèvement est une vente dans laquelle le prix est payé au fur et à mesure de l'exécution des travaux.

Art.160.- Les règles générales relatives à la conclusion des contrats restent applicables en matière de vente immobilière.

Art.161.- Tout transfert de droit de propriété immobilière en zone urbaine, périurbaine ou rurale est subordonné, sous peine de nullité absolue du contrat, à l'immatriculation de l'immeuble qui en est l'objet.

Art.162.- Toute vente immobilière doit être précédée de l'immatriculation du fonds de terre ou de l'immeuble qui en est l'objet.

Art.163.- Doivent être constatés par acte notarié :

1- tous faits, conventions ou sentences ayant pour effet de constituer, transmettre,

déclarer, modifier ou éteindre un droit réel immobilier, d'en changer le titulaire ou les conditions d'existence ;

2- tous baux d'immeubles excédant trois années ;

3- toute quittance ou cession d'une somme équivalent à plus d'une année de loyer ou de fermage non échu.

Chapitre 4 - De l'échange

Art.164.- La propriété peut s'acquérir par échange conformément aux dispositions de l'article 163 ci-dessus.

Art.165.- L'échange est un contrat par lequel les parties se donnent respectivement une chose pour une autre.

Art.166.- L'échange est soumis pour sa validité aux mêmes règles que la vente d'immeuble en ce qui concerne la capacité des parties, leur consentement, la cause et l'objet. Cependant, lorsque les choses échangées sont d'inégales valeurs, la stipulation d'une soulte est nécessaire.

Art.167.- Si l'un des copermutants a déjà reçu la chose à lui donnée en échange, et qu'il prouve ensuite que l'autre contractant n'est pas propriétaire de cette chose, il ne peut pas être forcé à livrer celle qu'il a promise en contre-échange, mais seulement à rendre celle qu'il a reçue.

Art.168.- Le copermutant qui est évincé de la chose qu'il a reçue en échange, a le choix de demander à la juridiction compétente la restitution de la chose ou le remboursement de sa contre-valeur, sans préjudice des dommages et intérêts éventuels.

Art.169.- La rescision pour cause de lésion n'a pas lieu dans le contrat d'échange.

Art.170.- Toutes les autres règles prescrites pour le contrat de vente s'appliquent à l'échange.

Chapitre 5 - De l'accession

Art.171.- La propriété peut s'acquérir par accession conformément aux dispositions du présent Code et des autres textes en vigueur.

Art.172.- L'accession est l'extension légale du droit de propriété sur une chose corporelle, à tout ce qu'elle produit et à tout ce qui s'unit ou s'incorpore à elle.

Art.173.- Toutes les constructions et plantations réalisées sur un fonds sont présumées faites par le propriétaire du fonds à ses frais et lui appartenir.

Art.174.- Les constructions ou plantations réalisées sur un terrain appartenant à autrui ne peuvent conférer aucun droit de propriété sur le sol, à l'auteur des travaux ou plantations.

Art.175.- Le propriétaire d'un terrain sur lequel des constructions ou plantations ont été réalisées par un possesseur doit indemniser ce dernier de la plus faible des deux sommes que représente, à la date du paiement, la plus-value procurée au fonds ou le coût des matériaux et de la main-d'œuvre. Le possesseur bénéficie d'un droit de rétention jusqu'au complet paiement de l'indemnisation qui lui est, le cas échéant, due. Toutefois, si le possesseur est de mauvaise foi, le propriétaire peut choisir d'exiger la remise des lieux en l'état et demander l'allocation des dommages et intérêts.

Sous-titre 5 - De la protection et de la reconnaissance administrative du droit de propriété

Chapitre 1 - De l'immatriculation des immeubles *Section 1 - De la procédure d'immatriculation*

Art.213.- La procédure d'immatriculation est l'ensemble des formalités qui, en tendant à la création d'un titre foncier, a pour objet de soumettre un immeuble au régime des livres fonciers.

Art.214.- Peuvent requérir l'immatriculation des immeubles sur les livres fonciers :

1- le propriétaire, alors même que sa capacité est restreinte aux seuls actes d'administration ;

2- l'Agence nationale du domaine et du foncier ;

3- le copropriétaire chargé de l'administration de l'immeuble indivis ou muni du consentement des autres ayants droit ;

4- le titulaire d'un droit réel autre que la propriété, avec le consentement du propriétaire ;

5- le tuteur, administrateur ou curateur d'un incapable, ayant l'une des qualités ci- dessus, dans tous les cas, les frais de la procédure sont, sauf convention contraire, supportés par le requérant, à charge de répétition en ce qui concerne les représentants légaux des incapables ; 6- le notaire.

Art.215.- Peut également requérir l'immatriculation, le créancier poursuivant l'expropriation d'un immeuble, lorsque le tribunal a ordonné l'accomplissement de cette formalité préalablement à la mise en adjudication. Dans ce cas, les frais sont acquittés en fin de procédure, par l'adjudicataire, en diminution de son prix d'adjudication.

Art.216.- Sont seuls susceptibles d'immatriculation sur les livres fonciers, les fonds de terre bâtis ou non bâtis.

Art.217.- Il doit être établi une demande spéciale pour chaque corps de propriété, appartenant à un seul propriétaire ou à plusieurs copropriétaires indivis et composé d'une ou plusieurs parcelles, pourvu que lesdites parcelles soient contiguës. Sont considérées comme telles, les parcelles constitutives d'un domaine rural qui ne sont séparées les unes des autres que par des cours d'eau ou des voies de communication affectées ou non, d'une façon permanente, à l'usage du public. **Chapitre 2 - De la publication des droits réels**

Section 1 - De la formalité de l'inscription

Art.280.- La publication aux livres fonciers des droits réels constitués sur les immeubles postérieurement à leur immatriculation, exigée par l'article 52 du présent Code pour la validité desdits droits à l'égard des tiers, est assurée par la formalité de l'inscription.

Art.281.- Tous actes, conventions ou sentences, ayant pour objet de constituer, transmettre, déclarer, modifier ou éteindre un droit réel immobilier, d'en changer le titulaire ou les conditions d'existence, tous baux d'immeubles excédant trois années, toutes quittances ou cessions d'une somme équivalant à plus d'une année de loyers ou fermages non échus, doivent, en vue de l'inscription, être constatés par acte notarié. Toutefois, en cas d'apport de biens ou de droits immobiliers à une société, les délibérations des assemblées générales rendant cet apport définitif peuvent être établies en la forme habituelle, à condition que copies en soient déposées, sans reconnaissance d'écriture et de signature, aux minutes d'un notaire pour pouvoir être, par les soins de ce dernier, publiées à la conservation foncière en même temps que l'acte notarié constatant l'apport.

Sauf convention internationale, les actes reçus par les officiers publics ou ministériels étrangers doivent être légalisés par un fonctionnaire qualifié du ministère togolais des affaires étrangères et déposés au rang des minutes d'un notaire. Il est fait défense aux receveurs de l'enregistrement d'enregistrer les actes visés au premier alinéa du présent article, s'ils ne sont pas dressés en la forme notariée.

Art.282.- Les actes dressés pour la constatation d'une convention, outre les éléments essentiels des contrats, doivent contenir :

1- l'énonciation conforme aux actes de l'état civil pour les individus, des nom, prénoms, profession et domicile ou aux actes constitutifs, pour les sociétés et autres institutions jouissant de la personnalité civile, des nom ou raison sociale, nature et siège, des parties contractantes ;

2- l'indication de la capacité des contractants et de la qualité en laquelle ils agissent, appuyée de déclarations précises en ce qui concerne l'état civil;

3- la désignation par le numéro du titre foncier de l'immeuble que doit affecter l'inscription.

Chapitre 3 - De la protection de la propriété foncière des citoyens

Art.317.- Tout acte translatif de propriété foncière ou constitutif de droits réels à intervenir entre citoyen togolais et un étranger doit, à peine de nullité, être soumis à l'autorisation préalable de l'autorité publique. La même autorisation préalable est nécessaire à la validité de tout bail, d'une durée supérieure à neuf ans consenti par un citoyen togolais à un étranger. La nullité de l'acte ou du bail peut être poursuivie d'office par le ministère public.

Art.318.- Lorsque, après autorisation, un étranger a acquis des droits énumérés à l'article précédent, il ne peut transférer l'un de ces droits à un autre étranger que si ce dernier obtient lui-même une autorisation préalable de l'autorité publique délivrée dans les mêmes formes que la première.

Art.319.- Toutefois, des dispositions particulières peuvent dispenser des étrangers de l'autorisation prévue aux articles 317 et 318 ci-dessus.

Art.320.- La régularisation d'un acte passé par un étranger sans autorisation préalable est prohibée.

L'étranger qui tente de faire régulariser un des actes visés par l'article 317 du présent Code est passible des peines prévues aux articles 708 et 709 du présent Code. L'agent de l'administration, complice de cet étranger, est passible des peines prévues à l'article 713 du présent Code. **Sous-titre 6 - Des atteintes au droit de propriété**

Chapitre 1 - Des atteintes dans l'intérêt général ***Section 1 - De l'expropriation pour cause d'utilité publique***

Paragraphe 1 - Des dispositions générales

Art.359.- L'expropriation pour cause d'utilité publique est prononcée à défaut d'accord amiable, par les tribunaux, moyennant le paiement d'une juste et préalable indemnité.

Art.360.- L'expropriation d'immeubles, en tout ou partie, ou de droits réels immobiliers, ne peut être prononcée qu'autant que l'utilité publique en a été déclarée et constatée dans les formes prescrites par le présent Code. A défaut d'accord amiable, le transfert de propriété et la fixation du montant de l'indemnité qui la conditionnent relève de la compétence du juge.

Art.361.- Le droit d'expropriation est ouvert à l'Etat, aux collectivités locales, aux personnes morales de droit public ainsi qu'aux personnes morales ou physiques de droit privé auxquelles la puissance publique délègue des droits en vue d'entreprendre des travaux ou des opérations déclarés d'utilité publique. Dans ce dernier cas, les droits de ces personnes morales ou physiques de droit privé sont précisés par décret en conseil des Ministres.

Paragraphe 2 - Des enquêtes publiques

Art.362.- L'expropriation d'immeuble en tout ou partie, ou de droits réels immobiliers, ne peut être prononcée qu'autant qu'elle aura été précédée d'une déclaration d'utilité publique intervenue à la suite d'une enquête publique. Les modalités de l'enquête publique préalable sont définies par décret en conseil des Ministres.

Art.363.- Par dérogation à l'article 362 et selon une procédure simplifiée, certaines opérations d'intérêt général ou présentant un caractère d'urgence notamment lié à la résorption de l'habitat insalubre ou pour des immeubles menaçant ruine, mettant en péril la sécurité de la population, sont dispensées de l'enquête publique préalable de droit commun. Dans de telles hypothèses, le dépôt d'un dossier simplifié décrivant l'immeuble à exproprier précède la déclaration d'utilité publique. Les modalités de dépôt de ce dossier simplifié sont précisées par un décret en conseil des Ministres.

Paragraphe 3 - De la déclaration d'utilité publique

Art.364.- L'utilité publique des opérations ou travaux est expressément déclarée par un acte administratif. Un décret en conseil des Ministres détermine les différentes catégories d'actes administratifs pouvant déclarer l'utilité publique d'un bien en fonction de la nature de l'opération d'expropriation projetée. L'acte déclarant l'utilité publique est accompagné d'un document qui expose les motifs justifiant le caractère d'utilité publique de l'opération d'expropriation.

Art.365.- L'acte déclaratif d'utilité publique désigne la zone faisant l'objet de la procédure d'expropriation et précise le délai dans lequel l'expropriation devra être réalisée.

Art.366.- L'acte déclaratif d'utilité publique peut designer immédiatement la liste des propriétés auxquelles l'expropriation est applicable. A défaut, ces propriétés doivent être désignées par un acte de cessibilité en vertu du présent article. Cet acte de cessibilité intervient, au plus tard, dans un délai de trois ans à compter de la date de publication de l'acte déclaratif d'utilité publique. A défaut, l'utilité publique devra à nouveau être déclarée.

Art.367.- Si l'acte déclaratif d'utilité publique désigne la liste des propriétés faisant l'objet d'une expropriation, il a valeur d'acte de cessibilité tel que défini dans la présente loi.

Titre 4 - De la possession, de la prescription acquisitive et de la détention

Sous-titre 1 - De la possession et de la prescription acquisitive

Chapitre 1 - De la possession

Art.406.- La possession est l'exercice paisible, public et non équivoque d'un droit par celui qui, alors même qu'il n'en serait pas titulaire, se comporte, en fait et en intention, comme s'il l'était.

Ne peuvent point faire l'objet d'une possession, les immeubles constituant :

1- le domaine public de l'Etat et des collectivités territoriales régi par les articles 505 et suivants du présent Code ;

2- le domaine foncier national régi par les articles 560 et suivants du présent Code ;

3- les réserves administratives régies par les articles 564 et suivants du présent Code ;

4- les immeubles immatriculés aux livres fonciers conformément aux dispositions des articles 51 et suivants et 213 et suivants du présent Code.

Art.407.- Est de bonne foi, le possesseur qui peut légitimement se croire titulaire du droit qu'il exerce. La bonne foi est toujours présumée. La possession est protégée contre le trouble qui l'affecte ou qui la menace. La bonne foi s'apprécie au jour de l'entrée en possession, sauf pour l'application de l'article 409 du présent Code.

Art.408.- On peut posséder par soi-même ou par autrui. On est présumé, jusqu'à preuve contraire, posséder pour soi.

Art.409.- La possession se prouve par tout moyen.

Elle peut être constatée par un acte de notoriété contenant des témoignages et, le cas échéant, des indices attestant de son existence, de ses qualités et de sa durée. L'acte de notoriété ne fait foi de la possession que jusqu'à preuve contraire.

Art.410.- Le possesseur est présumé, jusqu'à preuve contraire, propriétaire. Il est défendeur à l'action en revendication exercée par celui qui se prétend le véritable propriétaire. La preuve contraire à cette présomption de propriété peut être rapportée par tout moyen.

Art.411.- Le possesseur de bonne foi fait siens les fruits et les produits procédant de l'exploitation normale du bien. Il peut se faire rembourser les dépenses nécessaires et utiles à cette exploitation dans la limite de la plus-value procurée. Le possesseur de mauvaise foi est tenu de restituer les fruits et produits avec la chose au propriétaire qui la revendique ; si les fruits et produits ne se retrouvent pas en nature, il en doit la valeur, estimée à la date du paiement. La bonne ou mauvaise foi s'apprécie à la date de la perception des fruits et produits.

Chapitre 2 - De la prescription acquisitive

Section 1 - De la définition et des principes généraux

Art.412.- La prescription acquisitive est un moyen d'acquérir un immeuble non immatriculé ou un droit réel immobilier non inscrit par l'effet de la possession sans que celui qui l'allègue soit obligé d'en rapporter un titre ou qu'on puisse lui opposer l'exception déduite de la mauvaise foi.

Sous-titre 2 - De la détention

Art.424.- La détention est l'exercice licite d'un pouvoir précaire exercé sur un bien en vertu, notamment, d'un titre prévoyant sa mise à disposition, tels le bail, le dépôt ou le prêt. Le détenteur ne possède pas pour lui-même, mais pour le compte du propriétaire, sauf si son comportement, contredisant le droit du propriétaire, manifeste son intention d'être possesseur. La protection est accordée au détenteur contre le trouble qu'il subit de tout autre que celui de qui il tient ses droits.

Art.425.- Sont applicables à la possession, à la prescription acquisitive et à la détention toutes les dispositions légales en vigueur sous réserve des dispositions du titre IV du présent Code.

Titre 5 - Des autres droits réels immobiliers

Sous-titre 1 - De l'usufruit

Chapitre 1 - De la définition et de l'institution de l'usufruit

Art.426.- L'usufruit est le droit réel d'user et de jouir d'un bien appartenant à un autre, à charge d'en conserver la substance. Il peut être établi sur toute espèce de biens ou tout ensemble de biens immeubles. Il est temporaire et s'éteint conformément aux dispositions des articles 442 à 444 du présent Code.

Art.427.- L'usufruit est établi par la loi, la convention ou le testament.

Chapitre 2 - Des obligations mutuelles du propriétaire et de l'usufruitier quant à la conservation des biens objets de l'usufruit

Art.428.- La conservation des biens objets de l'usufruit est une obligation d'intérêt commun pour le propriétaire et l'usufruitier. Cette obligation s'apprécie au regard de l'état du bien au début de l'usufruit, selon le descriptif visé à l'article 438 du présent Code ou, à défaut, par tout moyen. Elle disparaît si le bien est détruit par cas fortuit.

Art.429.- Sauf convention contraire :

1- le propriétaire est tenu des travaux concernant la structure et la solidité générale de l'immeuble et notamment ses éléments porteurs, la réfection intégrale de sa couverture, la reconstruction des ouvrages de soutènement et de clôture ou les digues ;

2- l'usufruitier est tenu des autres travaux rendus nécessaires par le maintien en état de l'immeuble, ainsi que des dépenses périodiques.

Art.430.- L'usufruitier est intégralement tenu des travaux rendus nécessaires par son abus de jouissance ou son défaut d'entretien.

Art.431.- L'usufruitier ou le propriétaire peut demander au juge de contraindre l'autre à exécuter son obligation ou de l'autoriser à faire réaliser les travaux nécessaires incombant à l'autre. L'un ou l'autre peut, pour garantir le financement des travaux ou le remboursement des sommes exposées pour le compte de l'autre, être autorisé par le juge à consentir une sûreté réelle sur le bien.

Art.432.- Sauf convention contraire, le propriétaire peut, à la fin de l'usufruit, demander à l'usufruitier ou à ses ayants cause le remboursement d'une fraction des dépenses qu'il a faites au titre de l'article 429, calculée en fonction de la valeur de l'usufruit au regard de sa durée effective.

Sous-titre 2 - Du droit d'usage et d'habitation

Art.448.- Le droit d'usage et d'habitation est celui qui confère à son bénéficiaire, dans la limite de ses besoins et de ceux de sa famille actuelle et future, l'usage personnel d'un fonds et la perception des fruits.

Art.449.- Le droit d'usage et d'habitation s'établit et se perd de la même manière que l'usufruit. Il ne peut être ni cédé ni loué. Il doit être exercé par son titulaire dans le respect de la destination normale du bien.

Art.450.- Le bénéficiaire du droit d'usage et d'habitation est soumis aux obligations imposées à l'usufruitier par les articles 437 à 441 du présent Code.

Art.451.- Si l'usager utilise la totalité du fonds, il est tenu des dépenses d'entretien et plus généralement des dépenses périodiques que l'article 429 du présent Code met à la charge de l'usufruitier. S'il n'utilise qu'une partie du fonds, il y contribue au prorata de ce dont il jouit.

Sous-titre 3 - Du droit de superficie

Art.452.- Le droit de superficie consiste dans le fait de posséder des constructions, ouvrages ou plantations sur un fonds appartenant à autrui. Le titulaire peut grever de servitudes les biens qui font l'objet de son droit, mais seulement dans la limite qui lui est imposée pour l'exercice de ce droit.

Art.453.- Sont dispensées de la publicité, les servitudes dérivant de la situation naturelle des lieux ou des obligations imposées par la loi, à l'exception, cependant, de la servitude de passage pour cause d'enclave, dont l'assiette doit être exactement déterminée soit au moment de l'immatriculation du fonds grevé, soit lors de la création de la servitude si celle-ci est postérieure à l'immatriculation.

Art.454.- La faculté accordée aux cohéritiers ou à l'un d'entre eux d'écarter du partage toute personne non successible à laquelle un cohéritier aurait cédé son droit à la succession appartient également au superficiaire pour l'acquisition du sol et au propriétaire du sol, pour compter du jour où la vente a été rendue publique.

Sous-titre 4 - Des servitudes ou services fonciers Chapitre 1 - Des dispositions générales

Section 1 - De la définition

Art.455.- La servitude est une charge réelle grevant un fonds pour l'usage et l'utilité d'un fonds appartenant à un autre propriétaire.

Elle n'établit ni prééminence d'une propriété sur l'autre ni obligations personnelles au profit ou à la charge des propriétaires, mais seulement des rapports entre fonds servant et fonds dominant et des services qui leur sont attachés.

Section 2 - De l'établissement des servitudes

Art.456.- Toutes les servitudes peuvent s'établir par convention.

Art.457.- Les servitudes établies par la loi obéissent aux règles qui les instituent.

Art.458.- Les servitudes qui se manifestent par des ouvrages extérieurs ou par une activité humaine apparente et renouvelée peuvent s'acquérir par la possession dans les conditions des articles 418 et 422 du présent Code.

Art.459.- Les servitudes peuvent aussi s'établir par destination du propriétaire entre fonds issus d'une division, à défaut de stipulation contraire de l'acte de division. Elles résultent, dans ce cas, du maintien d'ouvrages ou d'aménagements extérieurs réalisés par le propriétaire avant la division du fonds.

Section 3 - De l'exercice des servitudes

Art.460.- La servitude comprend tout ce qui est nécessaire pour en user.

Art.461.- Le propriétaire du fonds dominant réalise sur le fonds servant les ouvrages éventuellement nécessaires à l'exercice ou au maintien de la servitude et en supporte le coût, sauf la convention de l'article 462.

Sous-titre 5 - Des hypothèques

Art.480.- L'hypothèque est l'affectation d'un immeuble déterminé ou déterminable appartenant au constituant en garantie d'une ou plusieurs créances, présentes ou futures à condition qu'elles soient déterminées ou déterminables. Elle est légale, conventionnelle ou judiciaire. Elle est régie par les articles 195 et suivants de l'Acte uniforme de l'Organisation pour l'Harmonisation en Afrique du Droit des Affaires (OHADA) portant organisation des sûretés.

Sous-titre 6 - Des privilèges

Art.481.- Les privilèges sont régis par les articles 179 et suivants de l'Acte uniforme de l'Organisation pour l'Harmonisation en Afrique du Droit des Affaires (OHADA) portant organisation des sûretés. Ils confèrent un droit de préférence exercé par leurs titulaires conformément aux dispositions des articles 225 et 226 dudit Acte uniforme.

Sous-titre 7 - Des droits réels conférés par des baux : bail emphytéotique, bail à construction, bail à plantation

Chapitre 1 - Du bail emphytéotique

Art.482.- Le bail emphytéotique est une convention par laquelle un propriétaire loue des biens immobiliers (terrains, bâtiments d'exploitation, bâtiments d'habitations) pour une durée minimale de dix-huit ans et maximale de quatre-vingt-dix-neuf ans, pour une somme modique. Ce type de bail n'est pas soumis au statut du fermage. Le bail emphytéotique doit être consenti dans les mêmes conditions et formes que la vente immobilière, sous peine de nullité.

Art.483.- Le bail emphytéotique ne peut être valablement consenti que par ceux qui ont le droit d'aliéner, et sous les mêmes conditions, comme dans les mêmes formes. Les immeubles appartenant à des mineurs ou à des majeurs sous tutelle peuvent être donnés à bail emphytéotique en vertu d'une délibération du conseil de famille. Lorsque les époux restent soumis au régime dotal, le mari peut donner à bail emphytéotique les immeubles dotaux avec le consentement de la femme et l'autorisation de justice.

Art.484.- La preuve du contrat d'emphytéose s'établit par acte notarié.

Art.485.- A défaut de conventions contraires, le contrat d'emphytéose est régi par les dispositions des articles 486 à 493 ci-après.

Art.486.- Le preneur ne peut demander la réduction de la redevance pour cause de perte partielle du fonds ni pour cause de stérilité ou de privation de toute récolte à la suite de cas fortuits.

Art.487.- A défaut de paiement de deux années consécutives, le bailleur est autorisé, après une sommation restée sans effet, à faire prononcer en justice la résolution de l'emphytéose. La résolution peut également être demandée par le bailleur en cas d'inexécution des conditions du contrat ou si le preneur a commis sur le fonds des détériorations graves.

Néanmoins, les tribunaux peuvent accorder un délai suivant les circonstances.

Néanmoins, les tribunaux peuvent accorder un délai suivant les circonstances.

Art.488.- Le preneur ne peut se libérer de la redevance, ni se soustraire à l'exécution des conditions du bail emphytéotique en délaissant le fonds.

Art.489.- Le preneur ne peut opérer dans le fonds aucun changement qui en diminue la valeur. Si le preneur fait des améliorations ou des constructions qui augmentent la valeur du fonds, il ne peut les détruire ni réclamer à cet égard aucune indemnité.

Art.490.- Le preneur est tenu de toutes les contributions et charges de l'héritage. En ce qui concerne les constructions existant au moment du bail et celles qui auront été élevées en exécution de la convention, il est tenu des réparations de toute nature, mais il n'est pas obligé de reconstruire les bâtiments, s'il prouve qu'ils ont été détruits par cas fortuit, par force majeure ou qu'ils ont péri par le vice de la construction antérieure au bail.

Il répond de l'incendie, à moins qu'il ne prouve que l'incendie est arrivé par cas fortuit ou force majeure, ou par vice de construction, ou que le feu a été communiqué par une maison voisine.

Art.491.- L'emphytéote peut acquérir au profit du fonds des servitudes actives, et les grever, par titres, de servitudes passives, pour un temps qui n'excédera pas la durée du bail à charge d'avertir le propriétaire.

Art.492.- L'emphytéote profite du droit d'accession pendant la durée de l'emphytéose.

Art.493.- Le preneur a seul le droit de chasse et de pêche et exerce à l'égard des mines, carrières et tourbières tous les droits de l'usufruitier.

Art.494.- Ainsi qu'il est mentionné dans le Code général des impôts, l'acte constitutif de l'emphytéose est assujetti au droit proportionnel perçu à l'occasion de services réalisés par le service des domaines et de la conservation de la propriété foncière et aux droits d'enregistrement aux taux prévus pour le bail.

Les mutations de toute nature ayant pour objet, soit le droit du bailleur, soit le droit du preneur, sont soumises aux dispositions du Code général des impôts concernant les transmissions de propriété d'immeubles. Le droit est liquidé sur la valeur vénale déterminée par une déclaration estimative des parties.

Chapitre 2 - Du bail à construction

Art.495.- Le bail à construction est celui par lequel le preneur s'engage, à titre principal, à édifier des constructions sur le terrain du bailleur et à les conserver en bon état d'entretien pendant toute la durée du bail.

L'obligation de construire mise à la charge du preneur constitue une obligation de résultat. Le bail est consenti pour une période ne pouvant excéder quarante ans. Il ne peut être prorogé par tacite reconduction.

Art.496.- Le bail à construction, sous réserve de dispositions spéciales, confère au preneur un droit réel immobilier susceptible d'hypothèque de même que les constructions édifiées sur le terrain loué ; il peut être saisi dans les formes prescrites pour la saisie immobilière.

Art.497.- Le preneur peut consentir des servitudes passives indispensables à l'achèvement des constructions.

Art.498.- Le bail à construction ne peut être consenti valablement que par les personnes qui ont le droit de disposer et d'aliéner, sous les mêmes conditions et dans les mêmes formes.

Art.499.- Le bailleur devient propriétaire, en fin de bail, des constructions édifiées par le preneur et profite des améliorations, s'il n'en est autrement convenu.

Art.500.- Le preneur est tenu de maintenir les constructions en bon état d'entretien et de réparation de toute nature. Il répond de l'incendie des bâtiments existants et de ceux qu'il a édifiés. Il peut les démolir en vue de les reconstruire.

Art.501.- Le prix du bail peut consister en la remise au bailleur, à des dates et conditions convenues, de tout ou partie d'immeubles et de fractions d'immeubles.

Art.502.- Les terrains du domaine privé de l'Etat et des autres personnes morales de droit public peuvent être donnés à bail à construction.

Chapitre 3 - Du bail a plantation

Art.503.- Le bail à plantation est celui par lequel le preneur s'engage, à titre principal à procéder à des plantations d'arbres sur le terrain du bailleur et à entretenir le terrain et les arbres pendant toute la durée du bail.

Art.504.- Les règles qui régissent le droit du bail à construction énoncées ci-dessus s'appliquent au bail à plantation dans la mesure où elles ne sont pas incompatibles avec la nature de ce bail.

Chapitre 3 - Du bail a plantation

Art.503.- Le bail à plantation est celui par lequel le preneur s'engage, à titre principal à procéder à des plantations d'arbres sur le terrain du bailleur et à entretenir le terrain et les arbres pendant toute la durée du bail.

Art.504.- Les règles qui régissent le droit du bail à construction énoncées ci-dessus s'appliquent au bail à plantation dans la mesure où elles ne sont pas incompatibles avec la nature de ce bail[14].

---

[14] **La réorganisation et la modernisation des services de la Conservation Foncière et des Hypothèques.**

- La mise en œuvre des systèmes d'information métiers auprès des Services extérieurs.
- L'organisation et la sécurisation des archives grâce notamment à leur scannerisation ;
- La constitution de bases de données centralisées.
- L'établissement de référentiel de prix pour les zones cadastrées pour la valorisation des immeubles soumis à l'immatriculation.

2- Problèmes relatifs aux statuts fonciers

Le foncier est caractérisé par une multiplicité de statuts juridiques, les morcellements excessifs et les dévolutions successorales viennent entraver davantage l'investissement foncier. La propriété individuelle est souvent menacée de tomber dans l'indivision, et ce, suite à l'application de la loi successorale du droit traditionnel. En effet, la propriété traditionnelle individuelle n'est qu'une situation provisoire. Le décès du propriétaire génère des difficultés de partage entre les successeurs.

Les effets de telles situations sont généralement négatifs et se présentent sommairement comme suit:

-Une incertitude concernant les exploitations réelles constituant la propriété indivise.

-Une confusion quant au titulaire du pouvoir de décision.

-Une atomisation des revenus fonciers suite au partage.

Les terrains collectifs

L'instabilité de l'occupation des terrains collectifs affaiblit l'investissement privé en matière de construction en dur et d'aménagement foncier dans ces terres. Les caractéristiques de ce statut foncier freinent l'attribution de crédits aux exploitants des terres collectives. Parmi ces caractéristiques, on peut citer à titre d'exemple le caractère insaisissable des terres collectives et l'instabilité des ayants droits. En effet, au décès d'un ayant droit, s'il n'a pas laissé de descendants mâles, sa part est récupérée par la collectivité pour la réattribuer à de nouveaux ayants droit. Cette discontinuité de la possession de la part de la famille et sa dévolution à un autre ayant droit non endetté posent le problème du remboursement des prêts octroyés au défunt.

Le Domaine Public de l'État et le Domaine Privé

Le Domaine Public de l'État englobe tous les biens à usage et à utilité publics. En fait, les propriétés incluses dans ce domaine sont négativement caractérisées par une procédure de cession lente. La pratique a montré que cette procédure peut durer jusqu'à 7 ans. Concernant le Domaine Privé de l'État, l'aliénation se fait obligatoirement par adjudication publique, sauf si les lois ou décrets spéciaux en décident autrement. Cette pratique semble inefficiente pour l'attribution des terres.

Problèmes liés à la non valorisation du fonder

Le marché foncier est davantage affaibli par: -L'inexistence d'une structure opérationnelle dédiée à la valorisation et la promotion du patrimoine foncier. Cette structure, dont la création est prévue, est censée dynamiser le patrimoine foncier de l'État.

-La consommation rapide du patrimoine foncier de l'État en milieu urbain,

-L'absence d'une politique appropriée à la reconstitution des réserves foncières pour soutenir l'urbanisation en milieu urbain et rural.

Face à ces situations, on a assisté depuis quelques années au développement d'une urbanisation anarchique à la périphérie des villes et la persistance, voire l'aggravation des problèmes sociaux :

-Suivre une démarche anticipative des tendances urbanistiques,

-Veiller à la préservation des zones à vocation agricole ou forestière et participer à la régulation du marché foncier.

-Reconstituer à terme les réserves foncières publiques par l'achat de terrains en milieu urbain et rural pour accompagner l'urbanisation et éviter toute pénurie en terrains à bâtir dans le futur;

-Participer à la régulation du marché foncier par la vente de terrains à lotir ou à construire pour satisfaire les besoins des promoteurs et lotisseurs publics et privés et encourager l'investissement ;

-Définir les modalités et les conditions de cession qui favorisent la promotion des investissements et la valorisation rapide des terrains cédés. Extrait du projet de loi pour la création de l'ANPF.

-Consolider le droit de propriété par le biais de l'immatriculation;

-Restructurer l'espace foncier en vue de créer des parcelles continues et régulières. On peut citer à titre d'exemple le remembrement des terrains agricoles, dont le but est de préserver les terres contre le morcellement;

-Garantir des modes de tenure adaptés à une mise en valeur rationnelle grâce à l'apurement de la situation juridique des terres collectives;

-Créer une structure opérationnelle dédiée à la valorisation et la promotion du foncier.

En outre, il faut dire que les transformations d'ordre juridique doivent être accompagnées de mesures d'incitation à l'investissement (crédit et subventions), qui permettent l'ouverture des exploitations à la modernisation. Le sens de l'évolution actuelle laisse prévoir, dans un avenir proche, un régime foncier unifié et simplifié dans lequel ne subsisteront que deux catégories de terres : les terres du Domaine Public et la propriété privée.

TABLE DES MATIERES

AVANT-PROPOS 7

PREMIERE PARTIE. LA LEGISLATION FONCIERE DU BENIN
Loi n°2013-01 du 14 janvier 2013 portant Code foncier et domanial en République du Bénin Modifiée par la loi n°2017-15 du 26 mai 2017 9

DEUXIEME PARTIE. LA LEGISLATION FONCIERE DU BURKINA-FASO
Loi n°014/96/ADP du 23 mai 1996 modifiée par la loi de finances pour 2008........ 27

TROISIEME PARTIE. LA LEGISLATION FONCIERE DU CAMEROUN
Ordonnance n° 74-1 du 6 juillet 1974 Fixant le régime foncier. 45

QUATRIIEME PARTIE. LA LEGISLATION FONCIERE DE LA CENTRAFRIQUE
Loi n°08. 022 portant Code forestier 51

CINQUIEME PARTIE. LA LEGISLATION FONCIERE DU CONGO BRAZZAVILLE
Loi n°17-2000 du 30 décembre 2000 portant loi de finances pour l'exercice 2001 modifiée par les lois de finances pour 2012 et 2015 63

SIXIEME PARTIE. LA LEGISLATION FONCIERE DU CONGO KINSHASA
Loi n° 73-021 du 20 juillet 1973 portant régime général des biens, régime foncier et immobilier et régime des suretés, telle que modifiée et completée par la loi n°80-008 du 18 juillet 1980 67

SEPTIEME PARTIE. LA LEGISLATION FONCIERE DE LA COTE-D'IVOIRE
Loi n°98-750 du 23 décembre 1998 relative au domaine foncier rural Modifiée par la loi n°2004-412 du 14 août 2004 81

HUITIEME PARTIE. LA LEGISLATION FONCIERE DU GABON
Loi n°3/2012 du 13 août 2012 portant ratification de l'ordonnance n°5/2012 du 13 février 2012 fixant le régime de la propriété foncière en République gabonaise...... 87

NEUVIEME PARTIE. LA LEGISLATION FONCIERE DE LA GUINEE
Ordonnance n°92-19 du 30 mars 1992 portant Code foncier et domanial 107

DIXIEME PARTIE. LA LEGISLATION FONCIERE DU MALI
Ordonnance n°00-027 du 22 mars 2000 portant Code domanial et foncier Modifié par la loi n°02-008 du 12 février 2002 119

ONZIEME PARTIE. LA LEGISLATION FONCIERE DU NIGER
Loi n°2008-03 du 30 avril 2008 portant loi d'orientation sur l'urbanisme et l'aménagement foncier 151

DOUZIEME PARTIE. LA LEGISLATION FONCIERE DU SENEGAL
Loi n° 2011-07 du 30 mars 2011 portant régime de la Propriété foncière.............. 163

TREIZIEME PARTIE. LA LEGISLATION FONCIERE DU TCHAD
LOI n° 67-25 du 22 juillet 1967 portant limitations aux droits fonciers................. 185

QUATORZIEME PARTIE. LA LEGISLATION FONCIERE DU TOGO
Loi n°2018-005 du 14 juin 2018 portant Code foncier et domanial 189

Structures éditoriales du groupe L'Harmattan

L'Harmattan Italie
Via degli Artisti, 15
10124 Torino
harmattan.italia@gmail.com

L'Harmattan Hongrie
Kossuth l. u. 14-16.
1053 Budapest
harmattan@harmattan.hu

L'Harmattan Sénégal
10 VDN en face Mermoz
BP 45034 Dakar-Fann
senharmattan@gmail.com

L'Harmattan Cameroun
TSINGA/FECAFOOT
BP 11486 Yaoundé
inkoukam@gmail.com

L'Harmattan Burkina Faso
Achille Somé – tengnule@hotmail.fr

L'Harmattan Guinée
Almamya, rue KA 028 OKB Agency
BP 3470 Conakry
harmattanguinee@yahoo.fr

L'Harmattan RDC
185, avenue Nyangwe
Commune de Lingwala – Kinshasa
matangilamusadila@yahoo.fr

L'Harmattan Congo
67, boulevard Denis-Sassou-N'Guesso
BP 2874 Brazzaville
harmattan.congo@yahoo.fr

L'Harmattan Mali
Sirakoro-Meguetana V31
Bamako
syllaka@yahoo.fr

L'Harmattan Togo
Djidjole – Lomé
Maison Amela
face EPP BATOME
ddamela@aol.com

L'Harmattan Côte d'Ivoire
Résidence Karl – Cité des Arts
Abidjan-Cocody
03 BP 1588 Abidjan
espace_harmattan.ci@hotmail.fr

L'Harmattan Algérie
22, rue Moulay-Mohamed
31000 Oran
info2@harmattan-algerie.com

L'Harmattan Maroc
5, rue Ferrane-Kouicha, Talaâ-Elkbira
Chrableyine, Fès-Médine
30000 Fès
harmattan.maroc@gmail.com

Nos librairies en France

Librairie internationale
16, rue des Écoles – 75005 Paris
librairie.internationale@harmattan.fr
01 40 46 79 11
www.librairieharmattan.com

Librairie l'Espace Harmattan
21 bis, rue des Écoles – 75005 paris
librairie.espace@harmattan.fr
01 43 29 49 42

Lib. sciences humaines & histoire
21, rue des Écoles – 75005 paris
librairie.sh@harmattan.fr
01 46 34 13 71
www.librairieharmattansh.com

Lib. Méditerranée & Moyen-Orient
7, rue des Carmes – 75005 Paris
librairie.mediterranee@harmattan.fr
01 43 29 71 15

Librairie Le Lucernaire
53, rue Notre-Dame-des-Champs – 75006 Paris
librairie@lucernaire.fr
01 42 22 67 13

www.ingramcontent.com/pod-product-compliance
Lightning Source LLC
LaVergne TN
LVHW010933061026
849535LV00007B/2380

* 9 7 8 2 3 4 3 1 9 3 7 3 1 *